LES HÉROS

DE LA

CORNETTE ET DU TRICORNE

PAR

BOYER D'AGEN

I. — Les Sœurs d'Hôpitaux

II. — Les Aumôniers militaires

PARIS

TOLRA, LIBRAIRE-ÉDITEUR

112 *bis*, RUE DE RENNES, 112 *bis*.

LES HÉROS

DE LA CORNETTE ET DU TRICORNE

SOUS PRESSE :

LE CLERGÉ DE FRANCE DEVANT LA RÉPUBLIQUE

ÉMILE COLIN. — IMPRIMERIE DE LAGNY

SŒUR ROSALIE

LES HÉROS

DE LA
CORNETTE ET DU TRICORNE

PAR

BOYER D'AGEN

I. — Les Sœurs d'Hôpitaux
II. — Les Aumôniers militaires

PARIS

LIBRAIRIE SAINT-JOSEPH
TOLRA, LIBRAIRE-ÉDITEUR

112 *bis*, RUE DE RENNES, 112 *bis*

—

1892

AU FIGARO ET AU GAULOIS

EN SOUVENIR

D'UNE

PREMIÈRE CAMPAGNE

MOITIÉ PERDUE MOITIÉ GAGNÉE

B. D'A.

PRÉFACE

——

Avez-vous rencontré, par hasard, dans une rue
montante de La Villette ou de Charonne, quelque
vieux cheval de timon à qui il ne restait, sous sa
maigreur étique, que la carcasse efflanquée d'un
géant ; et ce géant fourbu, qu'on avait attelé à un
lourd camion chargé de ferrailles pesantes et diri-
gées vers les hauts-fourneaux de refonte, ce mau-
dit du fardeau, haletant du poitrail, trébuchant
du sabot aux pavés de la rue, ébranlant de ses
heurts sonores la chaussée tout entière, ce misérable martyr du trait, à qui vous souhaiteriez une

1.

brassée de paille et la mort là-dessus, ne vous a-t-il jamais soulevé de pitié le fond de vos entrailles?

Ce cheval-là, ce sont ces femmes et ces hommes.

Ces femmes? — Une folie d'abnégation, que votre égoïsme ne comprend pas, les fit renoncer dès vingt ans à la fortune, à la beauté, à la famille, au sang, (ce sang qui crie à toutes les entrailles de jeunes femmes d'être des mères et d'être heureuses), les fit entrer sous la cornette qui pâlirait leurs charmes, et dans ces salles d'hôpital qui dévoreraient avec les fièvres et les miasmes des autres, comme une gangrène rongeuse au jour le jour, les plus belles années de leur saine jeunesse; — jusqu'à ce que, pour récompense de leurs actes, vous les chassiez de l'hôpital à la rue où, pour les derniers jours de leur pauvre vieillesse, ces filles, qui trouvèrent tant de charité pour autrui, en rencontreront bien encore un peu pour elles!... Et je ne parle pas de celles qui sont parties, sous le drapeau, au pas de charge du clairon, côte à côte avec le soldat rouge que n'aura pas suivi la fiancée sur les champs de bataille où elles, les sœurs grises, sont allées et d'où elles, les sœurs rouges, ne sont pas revenues...

Ces hommes ? — Ces rudes fils de paysans, qu'un presbytère, perdu dans la paix des campagnes natales, a enlevés aux horreurs de la guerre en pays ennemis, ceux-là du moins pouvaient servir. Et savez-vous ce qu'ils ont fait, ces gars solides auxquels la permission d'un evêque ouvrit plus d'une fois les chemins de l'armée ? Ceux qui ne sont pas morts aux premières étapes, seront allés plus loin que vous peut-être, — que vous, qui récompensez la fin de leur journée si pleine, d'un souvenir dédaigneux n'ayant d'équivalent en médiocrité que la pension servie à des vieillards usés à votre bénéfice. Quant aux plus jeunes, grandissant sans dégoût de votre ingratitude, ils se préparent dans le silence de la paix à égaler le courage de leurs anciens, dans le tumulte des combats.

Ce sont ces femmes que vous chassez, ce sont ces hommes que vous méconnaissez, dont j'ai voulu prendre, au hasard de la rencontre, quelques exemples. Et peut-être ces vieux chevaux de trait, ces infatigables monte-charges, vous feront-ils rougir de la brassée de paille que vous leur comptez brin à brin, que vous leur refusez tout à fait même, au coin de cette borne de France où, *voyant mourir de misère ces anciens compagnons d'armes et ces premières camarades d'ambulance, des Allemands au cœur meilleur auraient, tenez ! honte du vôtre.*

———

PREMIÈRE PARTIE

LES SŒURS D'HOPITAUX

I

L'INCIDENT DE LA RUE DE L'ÉPÉE-DE-BOIS

Cet incident s'appellerait presqu'un drame ; ce drame, presqu'une comédie.

Incident, drame ou comédie, c'est au mois d'août qu'il commença. C'est au mois de novembre qu'il finit.

Les cinq protestations suivantes, publiées dans l'intervalle au *Figaro*, au *Gaulois* et à l'*Observateur Français*, indiqueront les cinq phases et comme les cinq actes par où passa l'intrigue avant d'arriver au dénouement qui, grâce à la souscription de 15,000 francs que le *Figaro* avait ouverte et close en quelques jours, n'a pas mis, cet hiver, à la rue, un monde de vieillards et d'orphelins, —

les hôtes ordinaires de la maison de la sœur Rosalie menacée de laïcisation.

A l'heure où ce livre allait paraître et où, pour une charité semblable, le même journal était poursuivi devant les tribunaux (1), il était bon de placer sous les yeux du lecteur ces documents, en cinq chapitres, cette tragi-comédie en cinq actes, qui contraignirent l'Assistance publique de Paris à rapporter, à la dernière heure et en partie, le décret d'expulsion lancé par elle contre ce dispensaire, — non en raison du journaliste obscur qui avait dénoncé cette injustice, mais à cause du public indigné qui ne la ratifiait pas.

---

(1) Le 2 décembre 1891, le *Figaro* a eu l'honneur d'être condamné par la IX⁰ Chambre du tribunal correctionnel de la Seine, à l'amende de cinq cents francs, pour avoir soldé par souscription les frais de justice du procès de Mgr Gouthe-Soulard, archevêque d'Aix.

PREMIER ACTE

SŒUR ROSALIE

Paris, le 26 septembre 1891.

A Messieurs les membres du conseil d'administra-
tion de l'Assistance publique, pour le cinquième
arrondissement de la Ville de Paris.

Messieurs,

Une pétition, signée de tous les chiffonniers et
de tous les indigents du quartier Mouffetard, a
été déposée, cette semaine, entre vos mains. Les
termes sommaires de cette pétition tendent à
vous faire revenir sur une décision que vous
venez de prendre, contre leurs intérêts gravement
mis en péril par la désaffectation de l'orphelinat
et de l'asile des vieillards, sis au numéro 5 de la
rue de l'Epée-de-Bois depuis les derniers jours du
Consulat, et remis par Napoléon Iᵉʳ à la garde de

la sœur Rosalie et de ses survivantes dans l'ordre de saint Vincent-de-Paul.

Il est à craindre, pour cette pétition, que la science historique de ses pauvres signataires ne s'arrête à cette citation timide d'un acte généreux et oublié du premier Empire, dont auront peu à s'émouvoir sans doute les hommes graves de la troisième République. Leur mémoire du cœur sera heureusement plus riche, et vous voudrez en tenir compte en lisant ces lignes qu'elle a dictées et qu'elle ose vous prier de prendre en considération, avant de vous prononcer définitivement sur la loi d'expulsion du 1ᵉʳ novembre prochain que vous ne rendrez pas exécutoire.

Tels que le quartier Mouffetard les a dictés, voici les faits.

En 1804, une jeune fille de dix-sept ans à peine, qui a quitté deux ans auparavant son village de Comfort, au pays de Gex, et qui, arrivant à Paris chez les religieuses de saint Vincent-de-Paul, a dû y changer son nom de demoiselle Rendu (porté déjà par une autre conventuelle) en celui de sœur Rosalie, qu'elle ne tardera pas à illustrer ; cette même personne est envoyée au bureau de bienfaisance de la rue des Francs-Bourgeois-Saint-Marcel, dans le faubourg Saint-Marceau. Cette maison de charité fait remonter la date de sa fondation aux temps de saint Vincent de Paul lui-même ; mais un décret de Napoléon Ier l'institua spécialement en dispensaire dont la gérance serait confiée : à l'Assistance publique de Paris, pour les besoins matériels de ce refuge, et aux Sœurs de la Charité, pour les services d'entretien et de moralité, qui resteraient, à charge de surveillance, aux filles dévouées de saint Vincent-de-Paul.

La maison de l'Epée-de-Bois, ainsi réglée dans ses fonctions en partie double, fut donc celle où la sœur Rosalie fut préposée en 1804, et qu'elle dirigea jusqu'en 1856, dans l'harmonie la plus concordante de l'Assistance publique, qui fournissait les secours, et des Sœurs de la Charité, qui les distribuaient. Cette harmonie de collaboration en vint à telle entente des deux parties associées que, des millions de secours répondant à la popularité légitime de la sœur Rosalie, celle-ci fit scrupuleusement remettre les dons des bienfaiteurs à l'Assistance publique dont les administrateurs plus expérimentés géreraient l'ensemble, sauf à les répartir, par le ministère des sœurs, aux pauvres, au fur et à mesure des besoins.

La sœur Rosalie étant morte le 7 février 1856, au milieu de ses œuvres prospères et de la vénération de tout Paris, l'impulsion donnée par elle pendant cinquante-deux ans d'infatigable apostolat continua à les faire marcher sans encombre vingt-quatre ans encore. A la faveur d'une République libérale dont on surprit trop souvent les bonnes intentions, les ennemis de la charité religieuse étaient parvenus à laïciser presque toutes les écoles, presque tous les asiles de vieillards, presque tous les orphelinats d'enfants, presque tous les dispensaires : seuls le dispensaire, l'orphelinat, l'asile et les écoles de la sœur Rosalie étaient encore respectés. On n'osait pas porter une main illégale sur la double institution pour vieillards et pour orphelins que Napoléon Ier avait faite, rue de l'Epée-de-Bois. On respectait encore l'école attenante que Napoléon III et l'impératrice Eugénie y avaient ajoutée, lorsque des hommes plus entreprenants que leurs prédécesseurs osèrent exécuter un plan d'expropriation que les autres se seraient refusés à combiner seulement.

Le 11 août 1880, l'école de la sœur Rosalie venait de distribuer ses prix et de proclamer ses succès continus aux divers examens de l'Etat — (cette année 1891, la même école, sise ailleurs, a obtenu 7 brevets d'institutrice, 28 certificats à la Ville de Paris et 17 à l'Archevêché) — quand, le 13 suivant, un décret d'expulsion fut lancé contre les sœurs de cette école et fut rendu exécutoire dans le délai de dix jours. Les exécuteurs avaient compté avec l'absence générale des Parisiens, pendant l'époque des vacances, pour appliquer leurs ordres sans résistance et pénétrer sans coup férir dans cet immeuble, clos pour deux mois. Ce fut alors qu'un journal, pourtant neutre, prit la défense des absents et ouvrit, le 26 août, une souscription qu'il ferma le 9 septembre sur le chiffre total de 100,000 fr., en faveur des Œuvres de la sœur Rosalie. L'école, fermée au numéro 7 de la rue de l'Epée-de-Bois le 11 août, se rouvrit donc le 1ᵉʳ octobre au numéro 32 de la rue Geoffroy-Saint-Hilaire, et le coup porté si brusquement fut aussitôt paré.

Les choses en étaient là encore aux premiers jours du mois d'août dernier quand, profitant de nouveau de la saison des vacances et de la difficulté de grouper d'immédiats secours, l'Assistance publique de Paris a rompu, au mépris de toute loyauté, le contrat qui la liait depuis cent ans à l'association des sœurs de saint Vincent-de-Paul, et signifié à ces dernières de rendre vacant, le 1ᵉʳ novembre prochain, l'asile et l'orphelinat de la rue de l'Epée-de-Bois, à l'aménagement et à l'entretien desquels toutes les ressources des généreuses filles se sont épuisées, jusqu'au dernier centime des 100,000 francs fournis par le journal *le Figaro*.

Tels sont les faits, messieurs, dans leur vérité simple.

Devant les représailles terribles que préparerait à vos mémoires l'exécution d'une laïcisation si injuste, vous rapporterez votre décret et vous ne l'appliquerez pas à une maison qu'une grande Française a consacrée, où elle a laissé la croix d'honneur des braves. Cette croix de la sainte légionnaire, je vous le dis, vous la devriez fouler aux pieds avant d'atteindre aux nobles filles à qui elle en confia la garde. D'ailleurs, les cinq mille mendiants du quartier Mouffetard, signataires de cette pétition et protestataires de cet acte, vous laisseront-ils entrer, avant d'avoir passé plutôt sur leurs corps que sur le souvenir immortellement béni de la sœur Rosalie, — de leur « mère », comme ils l'appellent. Ils l'aiment et, malgré vous, ils sauront bien la faire respecter.

DEUXIÈME ACTE

SŒUR PIRENNE

Son portrait ?

Connaissez-vous celui de sœur Rosalie ? Demandez-le au premier venu des chiffonniers du quartier Saint-Médard ; il vous le montrera, piqué de quatre clous au mur de sa mansarde, avec un sou d'image lithographique. Priez plutôt monsieur le maire du Panthéon, de vous en découvrir le buste encore honoré, Dieu merci ! dans cette même salle des séances où quelques hommes jeunes, venus d'hier sans doute au vieux Mouff-Mouffe, ont décidé, dans leur dignité neuve, que le 1ᵉʳ novembre, on déménagerait l'Ancienne ! — la « mère », comme on l'appelle là-haut où, quand ce siècle avait deux ans et quand ces tard-venus n'étaient pas nés encore, sœur Rosalie logeait, vêtissait, chauffait, faisait manger leurs pères.

Telle mère, telles filles. La sœur Pirenne, à qui vont aujourd'hui nos vœux et nos aumônes, et à qui est échue la lourde charge de remplacer l'absente à la maison de la rue de l'Epée-de-Bois, est bien le portrait vivant de son ancêtre ; et si c'est bien sœur Rosalie que ces messieurs veulent chasser de chez elle, (personne ne dira de chez eux), ils la trouveront tout entière dans la personne de celle-ci.

Un corps de haute dame, dans sa bure de fille de charité, mais où les plis grossiers de la robe grise déguisent mal la distinction de toute la personne. La tête, qui ressort douce et énergique à la fois de la guimpe et de la cornette blanches, paraît fine à qui détaille trait à trait son nez droit à large arête grecque, ses yeux d'un noir léger et d'une intensité profonde, son menton doucement allongé et son front haut qui court se perdre sous la coiffe où j'ai deviné des cheveux noirs.

— Quel âge a-t-elle ?... me demandai-je, en regardant encore vers ce front haut où la cornette blanche de saint Vincent de Paul cache à jamais les dates de la vie, chez ces filles dont la vie de charité quotidienne est sans date. Il me semble que sœur Pirenne, dont un sourire d'irrésistible douceur accompagne toutes les paroles, m'a répondu :

—. Quel âge ?... Mais l'âge des autres, monsieur !

Qui, les autres ?... Ceux qui ne vivent que pour
souffrir, et qui ne meurent que pour laisser la
place aux survenants dans cette vie, dont les tris-
tesses des uns sont, pour les autres, les mêmes. J'ai
peut-être compris que cet âge des autres était,
pour elle, l'âge du dévouement de toutes ses
journées. Mais, à la mélancolie qui enveloppe ses
réponses, je devine que l'âge de sœur Pirenne
sera, le premier novembre prochain, l'âge du
plus grand sacrifice de sa vie — si immolée déjà
pourtant.

— Vous regardez ce jardin ?... me dit-elle tristement en reparlant de la sœur Rosalie. Ce sont
les arbres qu'elle a plantés ; ce sont les fleurs
qu'elle a semées ; ce sont les murs, les fourneaux,
les dortoirs qu'elle a élevés pour nos vieillards et
pour nos orphelines qui, elle partie, nous restent.
Elle ici, elle là, elle partout, dans tous les coins
de cette maison sombre où elle avait amené, avec
l'or des aumônes que la charité publique lui en-
voya, l'or du soleil que Dieu aussi lui partagea.
Et c'est quand ces pauvres enfants sans mère en
ont trouvé une autre, c'est quand ces pauvres
vieillards sans asile ont rencontré ce foyer, qu'il
faut se dire adieu !

Tout cela dit sans aigreur, sans la moindre critique, faite à l'encontre de l'inconcevable décision de l'Assistance publique qui a trouvé pourtant dans chaque conscience honnête et indépendante son jugement et sa condamnation. Non, sœur Pirenne n'argumente pas en faveur de ses droits, pourtant réels. De son air bon qui pardonne, et de sa voix aimable qui chante ses regrets mieux qu'elle ne les dit, ne vous semble-t-il pas qu'elle scande mélancoliquement ces vers d'un poète, obscur comme elle :

Nos maisons sont des nids, d'abord pleins et joyeux,
Mais dont les habitants sont des oiseaux des cieux
Qui, tôt ou tard, ouvrent leurs ailes.   .

— Vous voyez ce parloir ?

C'est là, disent ceux qui aiment les grands noms de l'histoire, que sont venus voir notre mère et prendre ses conseils, en lui laissant leur or, les illustrations les plus célèbres de ce siècle : des empereurs, des reines, des magistrats, des soldats, des savants, bien souvent des athées, jamais un persécuteur. Nous avons oublié tous ces noms, nous ne gardons que la mémoire de leurs bienfaits et nous ne retenons que le chiffre réel des cinq ou six cents visites par jour que, cinquante ans durant, sœur Rosalie a reçues là. Que pensent dans leurs tombes ces pères bienfaisants de leurs fils persécuteurs ? Surtout les pauvres gens que vont-ils dire, devant la porte de ce parloir fermé ?

— Ces corridors ? ces cellules ?...

C'est là, allant et venant, que sœur Rosalie nous parlait. « Aimez-vous, nous disait-elle, si vous voulez qu'on vous aime ; et, si vous n'avez rien à donner, donnez-vous ! » C'est là que, en 1848, nos sœurs, apprenant l'arrivée des républicains au pouvoir, une d'entre elles dit : « Oh ! ma mère, comme ils vont être méchants ! — Et nous, répondit la sœur Rosalie, comme nous allons être bonnes ! » Là encore, qu'elle nous répétait : « Soyons extraordinaires, à force d'être ordinaires. » Et, pour se peindre elle-même dans une image qui nous servirait de modèle : « Soyez, ajoutait-elle, comme l'eau pure qui coule toujours, sans saveur et sans couleur. » C'est là aussi que nous l'avons vue à l'œuvre et nous laisser d'inoubliables exemples. Un jour, un mendiant introduit dans ce parloir y prend une somme d'argent laissée sur la table : « Heureusement que, lui, on ne l'a pas pris ! » dit sœur Rosalie, en rapportant l'aventure. Un autre jour, après les émeutes de Juillet, sœur Rosalie, ayant fait évader une poignée de réfractaires, condamnés à mort, un mandat d'amener fut aussitôt lancé contre elle, et M. Gisquet, alors préfet de police, se présenta lui-même, rue de l'Epée-de-Bois, pour y exécuter son mandat. « Monsieur le préfet, lui répondit pour toute explication sœur Rosalie, je suis fille de la Charité. Je n'ai pas de drapeau. Je viens en aide aux malheureux, partout où je les rencontre. Je cherche à leur faire du bien sans les juger, et, je vous le promets, si jamais vous étiez poursuivi vous-même et que vous me demandiez secours, il ne vous serait pas refusé. » N'est-ce pas dans cette même cour que, quelques années plus tard, en 1848, sœur Rosalie tenait sa parole, en sauvant un officier régulier et en se jetant à genoux, entre la fusillade et lui : « Voilà cinquante ans, s'écria-t-elle devant les fusils abattus des insurgés, voilà cinquante ans que je vous ai consacré ma vie. Pour tout le bien que j'ai fait à vous, à vos femmes, à vos enfants, je vous demande la vie de cet homme, ou vous aurez la mienne avec la sienne ! »

Tandis que la sœur Pirenne évoque le passé de la sœur Rosalie, de sa voix douce comme un gazouillement d'oiseau sur une tombe, mes yeux s'en vont du visage de celle qui vit encore au portrait de celle qui est morte. Elles sont là, toutes les deux : l'une souriant dans la bordure

de son cadre, aussi délicieusement que l'autre
dans l'orée de la grande fenêtre où le jour et le
feuillage du jardin font à la sœur Pirenne un cadre aussi, qu'il va falloir quitter. Je ne sais plus,
en me levant, et en me retirant de cette maison si
gaie, si triste aussi, comment séparer dans ma
mémoire deux portraits si semblables, que les
expulseurs du 1er novembre prochain ne pour-
ront, pas plus que moi, séparer, chassant ainsi la
morte de la maison que lui gardait sa survivante,
et la sœur Rosalie enfin dans la personne de la
sœur Pirenne.

En regardant la porte qui se referme, je pense
à cette croix d'honneur que ne voulut jamais
porter sœur Rosalie et qu'un collègue même de
ces crocheteurs d'asiles détacha de sa poitrine, et
piqua, le jour des funérailles, sur le drap mor-
tuaire qui recouvrait la sainte fille. Du moins,
l'exécuteur de l'expulsion prochaine, qui, à coup
sûr, est déjà décoré, aura-t-il, comme l'autre, la
dignité de détacher sa croix et de la clouer ferme
sur cette porte.

Que ferait-elle, après cet acte, sur une telle
poitrine ?

TROISIÈME ACTE

LA SŒUR ROSALIE OU LA MARÉCHALE BOOTH ?

Cent fois plutôt la Maréchale ! La Maréchale, rue Auber ; la Maréchale, rue d'Allemagne ; la Maréchale, rue de Charenton ; la Maréchale, rue de Belleville ; la Maréchale, partout !

Et la sœur Rosalie de la rue de l'Epée-de-Bois, à la porte !

Les laïcisateurs du ᵉʳ novembre prochain auront raison peut-être. Après tout, si nous connaissons depuis des siècles le dévouement des Sœurs de Charité, nous ignorons encore l'héroïsme probable de l'Armée du Salut si opportunément créée depuis dix ans en France, et tolérée jusqu'à ce jour exceptionnellement. C'est pour apprécier cette association d'élite et en comprendre l'exis-

tence à Paris, que je suis entré hier, impasse
Auber, au temple tutélaire de miss Booth.

Entré, vraiment ?... Non, mais porté, pressé,
foulé, par la procession des Salutistes qui, non
contents d'arrêter les hommes, avaient cerné les
omnibus eux-mêmes ; tout cela, sur la voie publique, dans le quartier le plus populeux de Paris,
sous le regard stupéfait des aigles et des houris
de l'Opéra, sous l'œil paternel des agents de
police qui, pris d'une tendresse non équivoque
pour le jersey voyant et le chapeau cabriolet à
ruban rouge des délicieuses Cadettes, se gar-
daient bien de dire à la foule accrochée :

— Circulez !

Ah ! monsieur Chion du Collet, si haut qu'il
fût — votre collet — l'eût-il été assez pour cacher
votre honte ? Comme la nôtre, votre protestation
eût été inutile et vous auriez suivi la procession.

La salle où nous sommes introduits, dans ce
hall londonien tapissé de calicots violents aux
armes d'Angleterre et de sentences de vie et de
mort sur fond tantôt blanc et tantôt rouge, repré-
sente un vaste cabanon dont j'ai vu le pareil à la
Salpétrière et où il ne manque que M. Charcot ;

mais lui, je ne le vois pas paraître encore. Quant
à nous qui sommes hardiment entrés là par un
corridor sombre, la même appréhension nous
prend que celle qui saisit tout visiteur d'une maison de fous ; et nous nous demandons sérieuse-
ment comment nous en pourrons sortir.

Asseyons-nous, entre temps, car l'office commence.

C'est d'abord un indescriptible hourvari de cris
d'hallucinés, témoignant de l'Esprit qui commence à souffler sur l'Armée et qui agite déjà
effrayamment ses jerseys, ses chapeaux et les
tambourins que chaque miss cadette bat sur l'estrade, où s'est groupé tout le corps. On acclame.
On hurle. On parle enfin. C'est le premier touché
par l'Esprit, qui prend la parole :

Un nègre dit :

— Dieu m'a purifié, mon âme est blanche. Oh!
purifiez-vous, vous qui aux yeux de Dieu êtes
plus noirs que moi !

— *Amen ! amen !* répond l'Armée à genoux.

Un blanc ajoute :

— J'étais sale, Dieu m'a lavé. Oh! lavez-vous,
vous qui êtes aujourd'hui peut-être plus sales que
je ne l'étais hier.

— *Amen ! amen !* ajoute-t-on.

De cette assemblée d'hommes et de femmes,

régénérés par un bain de rédemption nouvelle, il se dégage une idée synthétique de blancheur et de pureté, qui s'élève au-dessus de cette armée de voyants et qui plane entre les calicots immaculés du plafond que les projections des tulipes électriques rendent plus éclatants encore. Entre chacune de ces révélations de l'Esprit, que la langue de miss Booth appelle des « expériences », se font entendre des chœurs cacophones et des solos trismégistes dont la langue, en français, n'a, par exemple, plus de nom. Pour suivre plus intelligemment ces textes insaisissables, l'Armée du Salut pense enfin à nous vendre le numéro du journal *En avant !* où nous pourrons lire les lettres de la folie cuméenne mise là en vers, pour ce jour, par quelqu'une de ces sibylles innocentes et quelquefois jolies, ma foi !

Ainsi va la séance, aussi longtemps qu'elle peut aller, car le major et ses enseignes attendent, sur l'estrade, que des néophytes, touchés, cette après-midi, par la grâce de Dieu et par celle des tambourins, se présentent au bureau et s'y fassent inscrire pour le jersey — côté des hommes, — et pour le chapeau cabriolet — côté des dames.

Personne !

C'est quatre heures, pourtant, dont toute une déjà passée dans cette atmosphère surchauffée d'intempérant prosélytisme qui vous est presque communiqué, comme une fièvre galopante. J'ai beau tourner la tête vers la porte : M. Charcot n'arrive pas...

Et je sors de ce hall d'hystériques mâles et femelles, qui crient encore sur leur estrade, jusqu'à la nuit :

— Seigneur, lave-moi ! Mon Dieu, que je suis sale !

— Et moi, termine un assistant qui court avec moi vers la porte, j'affirme que ces tricots rouges sont payés par la maison Vaissier frères. Vous savez : « Le savon du Congo est le meilleur savon du monde ! »

Telle est pourtant cette Armée du Salut que Paris est assez grand, assez hospitalier, assez libre, pour laisser aller et venir dans les rues, en procession ou par groupes, au centre même de la ville et de la civilisation, oserait-on ajouter ; — quand les mêmes hommes civilisés de ce Paris civilisateur s'apprêtent à chasser, dimanche prochain, quelques autres femmes d'une toute autre religion, du quartier le plus pauvre où, depuis quatre-vingt-neuf ans bien comptés, leur rôle fut d'arracher à la misère et à la mort deux pleines générations de mendiants et de malades.

Quoi donc?... Pour une Anglaise folle, tant de place à Paris; quand des Françaises, autrement précieuses, y en trouvent si peu! Miss Booth aurait donc rendu aussi fous qu'elle ces inintelligents expulseurs de la sœur Rosalie?

Ou quoi, encore?... Ah! je comprends : ces Anglaises-là, voyez-vous, c'est un chiffon de calicot qui les protège et que nous respectons, parce que cela s'appelle le drapeau britannique. Tandis que ces Françaises, eh bien! non, pas même la serviette dont elles ont bandé nos propres plaies ne les abritera contre notre lâche et inconcevable ingratitude... Car voyez-vous encore cet original chapeau cabriolet, sous lequel de si jolis minois vous sourient en vous offrant d'acheter votre salut avec un sou de leur journal, un coquet ruban rouge le fait apparaître gaiement, même dans le brouillard et dans la morgue du monde britannique. Au lieu que nos pauvres Sœurs grises, ce n'est qu'une vilaine coiffe qu'elles ont sur la tête; et quant à la couleur claire qui pourrait faire resplendir de loin leur bure, comme la robe d'autant de saintes, c'est tout au plus celle du sang dont elles sont tachées : — le sang de nos malades, quand elles sortent de l'hôpital; le sang de nos soldats, quand elles rentrent de la guerre.

Mais, de ce sang épongé par nos sœurs, qui d'entre nous, leurs frères, voudrait se souvenir encore ?

Pauvres filles, qu'on chasse ! Malheureux nous, qui les voyons partir et qui n'avons pour elles ni une larme au fond des yeux, ni un regret au bout des lèvres !

QUATRIÈME ACTE

L'EXPULSION

C'est demain, avant midi — le 1er novembre
tombant un dimanche, et les expulsions ne se
pratiquant pas les jours fériés, — c'est demain
que dix-neuf Sœurs de la Charité, suivies de
dix-huit vieillards et de soixante orphelines, seront chassées du dispensaire de la rue de l'Epée-
de-Bois confié à la garde de la Sœur Rosalie et de
l'ordre de saint Vincent-de-Paul, depuis 1802, en
vertu d'un décret spécial du premier Empereur.

La pétition signée par tous les chiffonniers du
quartier Mouffetard, la démission de plusieurs
membres du conseil d'administration de l'Assistance publique, l'indignation de Paris manifestée
par la plupart des journaux, depuis deux mois,
rien n'y a fait. Demain, les héritières de la sœur
Rosalie quitteront la maison dont elles possé-

3

daient l'usufruit, depuis près de cent ans, et à l'aménagement de laquelle elles ont épuisé leurs dernières ressources ; c'est là même, demain, dans un immeuble qui n'était sien qu'à moitié, que l'Assistance publique installera ses favorites — des laïques !

Quelle mesquine et misérable affaire !

Où donc gît le quartier Mouffetard pour être, au centre même de Paris, si loin du monde civilisé et du secours des consciences honnêtes ?

———

J'y arrive, à trois heures après midi. Ici, c'est l'instinct qui précise le temps, — non les cadrans pendus, comme des morts, aux devantures rares des pauvres horlogers ; ils n'y bougent, d'ailleurs, pas d'une aiguille. L'odeur épaisse des haricots recuits et des frites refrites emplit de fumée le quartier et y marque l'heure, chaque jour incertaine, des déjeuners irréguliers du pauvre pour qui la rissolante gargote tient toujours table mise. Sans le clairon de la caserne voisine, qui sonne à heure, à la garde républicaine, le pansement des chevaux, les hommes sauraient-ils ici à quel instant ils vivent de chaque jour que fait le Dieu de Mouffetard ?

— Pardon, monsieur!... la rue de l'Epée-de-Bois, s. v. p.?

— Rue Lacépède, rue Saint-Médard, rue de l'Epée-de-Bois : la troisième, à votre gauche en descendant, entre la rue du Pot-de-Fer et le passage des Patriarches.

Quelle descente! Les stations du Calvaire. J'y suis, enfin.

Au n° 5 de cette rue, courte et tordue comme la jambe d'un bancal, le drapeau et l'inscription du bureau de l'Assistance publique pour le douzième arrondissement m'indiquent la pauvre maison que je cherchais et où je frappe. Une Sœur tourière m'introduit dans un petit parloir borgne, où les mouches même sont aveugles et délogent par deux fenêtres basses donnant, à bord, sur la cour intérieure. Quatre chaises de paille; les *Martyrs du Japon*, en lithographie, grande comme les deux mains; le tableau d'honneur, sur papier dédoré, qui économisa jadis la dorure du cadre; une cheminée prussienne, à dos de mur : c'est tout l'ameublement de cette pièce, où la supérieure de l'asile va venir.

... Un cliquetis de clefs, de médailles et de rosaire, sur la bure ; un éblouissement de cornette et de guimpe, et comme les ailes d'un oiseau blanc qui entre et qui éclaire, à lui seul, ce parloir :

c'est sœur Pirenne. Vous connaissez déjà sa taille haute; son visage long, régulier, sympathique; ses yeux, à fleur d'intelligence; sa bouche, enfin, qui est sévère au repos et qui sourit délicieusement pour m'inviter à m'asseoir un instant.

— Vous êtes le bienvenu, monsieur. Mais que pouvons-nous espérer encore ?

— Voyons, ma Révérende Mère, mettez-moi à l'aise et permettez-moi de vous questionner. C'est bien pour le 1er novembre prochain, que vous êtes sommée d'avoir à abandonner l'asile ?

— L'asile, oui, monsieur. Mais nos vingt-cinq vieillards et nos soixante orphelines, qui ne veulent pas nous quitter !...

— Eh bien ?

— Eh bien, ils veulent s'en aller avec nous. Qu'allons-nous en faire ?

— Vos ressources seraient donc...

— Epuisées, jusqu'au plus petit sou. Vous savez que, depuis 1802 que sœur Rosalie avait accepté de gérer cette maison, en collaboration avec l'Assistance publique, celle-ci recevait les biens qui nous étaient offerts et les administrait, ne nous laissant que le soin de les distribuer. Ainsi sont venues au dispensaire de la rue de l'Epée-de-Bois, pendant les trois premiers quarts de ce siècle, des sommes considérables qui étaient

renvoyées aussitôt par la sœur Rosalie à la gérance de l'Assistance publique. Grâce à cette association laïque et religieuse, nous pûmes ouvrir et
aménager un peu partout, sur le faubourg Saint-
Marceau, des maisons de refuge, des écoles aussi.
Mais, il ressort de l'acte d'association, — que nous
n'avons jamais eu l'attention de bien lire, — que
l'Assistance publique restait maitresse des biens
dont nous lui fournissions la gérance, et que
nous n'étions que les occupantes des locaux dont,
un jour ou l'autre, elle pourrait disposer à son
gré. C'est en vertu de cette clause que l'Assistance publique nous congédie légalement aujour-
d'hui, quand nos dortoirs sont dressés, nos ou-
vroirs outillés, notre buanderie et nos fourneaux
construits, le jardin prêt. Moi-même, je n'ai pris la
direction de cet asile, au mois de février dernier,
que pour avoir l'honneur de remettre, en novembre prochain, les clefs d'une maison à laquelle, comme on dit, ne manque pas un clou.

— Cette indisposition de l'Assistance publique
pour vos Sœurs ne s'explique-t-elle pas par quelque motif plausible, pour le moins ?

— Qui sait ? Par la charge de notre personnel,
peut-être. Nous sommes ici dix-neuf Sœurs pour
l'entretien journalier de vingt-cinq vieillards, de
soixante orphelines et de deux cents pauvres filles

du quartier Mouffetard, admises dans notre patronage. De ces dix-neuf Sœurs, quatre seulement sont payées et reçoivent un traitement annuel de 600 francs. Est-ce la somme totale de 2,400 francs qui met l'Assistance en faillite? Car, pour une faillite — d'argent ou d'honneur — de l'une des deux parties associées, quelle conscience équitable et libre ne la jugera-t-elle ainsi?

— Et les hostilités se seraient-elles déclarées seulement le jour où votre congé vous fut signifié?

— Non. La petite guerre remonte plus haut. L'Assistance publique commença, les années précédentes, par nous refuser les remèdes. Notre pharmacie, dépourvue, ne distribua plus que les « simples ». Notre fourneau alimentaire serait même éteint depuis longtemps, si nous n'y avions brûlé les derniers billets de banque produits, en 1880, par la souscription du *Figaro*. Mais les cent mille francs de cette souscription, placés dans la banque Dutfey, et dont les intérêts annuels devaient suffire à l'entretien de l'*Ecole de la Sœur Rosalie*, ouverte alors rue Geoffroy-Saint-Hilaire, ces cent mille francs, je vous l'ai déjà laissé deviner, se sont épuisés en dix ans à l'installation de l'école supplémentaire de la rue Daubenton pour les petites filles, et à l'aménagement et entretien du dispensaire de la rue de l'Epée-de-Bois... Et maintenant : « Adieu, paniers, les vendanges sont faites ! » Est-ce tout ce que vous vouliez savoir?

— Mais vos vieillards, vos orphelins, vos Sœurs, où tout ce monde-là va-t-il loger, cet hiver ?

— Dieu seul, monsieur, le sait encore. Des âmes charitables parlent bien de nous installer rue Geoffroy-Saint-Hilaire, dans le local choisi en 1880 pour les écoles de la Sœur Rosalie. Mais, songez donc qu'il faudrait rebâtir la maison, qui s'écroule : une vieille tannerie, dont tout le sol fut creusé pour les cuves et où il faudrait aller chercher jusqu'aux profondeurs de la Bièvre les premières couches de marne blanche et stable. Les anciens séchoirs pour le cuir y servent encore, tant bien que mal, de salles pour nos classes. Mais, avec l'hiver qui approche, pouvons-nous espérer d'y camper nos vieillards? Ce serait toute une maison à reconstruire. Qui nous y aiderait?

— L'Ordre de saint Vincent-de-Paul, peut-être.

— Non, monsieur. Dans l'Ordre de la Charité, chaque institution privée doit suffire à ses propres besoins. La maison-mère ne peut donner que ses conseils, et vous le comprendrez sans peine, quand vous vous rendrez compte des mille et un asiles dont cet Ordre aurait à supporter la charge.

— Ne parle-t-on pas d'initiatives privées?

— Oui. Un homme célèbre du monde savant et un haut personnage, notre voisin du muséum du Jardin des Plantes, — que ma reconnaissance se plairait à nommer, mais que ma discrétion me fait un devoir de taire encore, — vient de faire acheter l'immeuble de la rue Geoffroy Saint-Hilaire par une société anonyme. Celle-ci nous louera désormais pour trois mille francs ce local que nous avions payé jusqu'à présent huit mille. Le terrain même nous en sera vendu, à notre gré, quand nous aurons trouvé les fonds suffisants pour l'achat et la bâtisse.

— Et de ces fonds...

— Oui, de ces fonds, le *Figaro* a déjà amassé treize mille francs, en quelques jours. C'est un premier secours, qui nous aidera à passer bien les premières semaines où nos vieillards et nos enfants vont être jetés à la rue.

— C'est donc à la rue et au petit bonheur de l'aventure que vos charitables bienfaiteurs auront désormais à vous adresser leurs dons? Ah, bast ! rien ne se perd, pas plus les lettres chargées que les injures inutiles. Gageons, le voulez-vous? que ni vos vieillards, ni vous, n'aurez long-temps à vous loger à l'enseigne de « la belle étoile », et que...

— Dieu vous entende, monsieur ! En attendant, c'est elle qui sera notre asile, dès demain, ajoute tristement la sœur Pirenne en me reconduisant à sa porte.

Dehors, je veux m'assurer par moi-même de l'unique refuge laissé aux pauvres expulsés de la rue de l'Epée-de-Bois.

J'arrive, par la rue Daubenton, au numéro 22 de la rue Geoffroy-Saint-Hilaire. J'entre dans une cour dont le terrain humide est semé de tan. Les odeurs de cuir y annoncent le voisinage de la Bièvre. La rivière est là, sortant à droite d'un tunnel où les maisons du quartier Mouffetard s'étagent. C'est un ruban, encore qu'un peu sale pour ficeler, comme un bouquet fané, les tournesols et les capucines du bord ; il longe, ainsi qu'une moire de deuil, l'école au fronton de laquelle je lis le nom de cette sainte fille que les pauvres gens du quartier, entretenus encore par les fondations de la sœur Rosalie, ne peuvent pas croire morte, — après trente-cinq ans qu'elle n'est plus de ce monde et qu'elle s'y survit.

J'entre dans l'école. Les salles délabrées laissent venir le vent par les fenêtres, et la pluie par les

toits. Des enfants et des vieillards, là-dedans, là-
dessous, — cet hiver? Et c'est à ce jeu de persécuteurs idiots ou inhumains, que quelques fonc-
tionnaires de la troisième République vont oser
s'employer?... Que les inspecteurs des logements
insalubres s'utilisent plutôt à visiter l'école de la
sœur Rosalie qui les attendra, demain, plus rai-
sonnablement ou moins impolitiquement, à coup
sûr, que monsieur le commissaire de police dont
l'écharpe pourra bien, — nous l'en prévenons
prudemment, — ne pas sortir de là intacte.

CINQUIÈME ACTE

UNE LAÏCISATION MANQUÉE

Paris, le 3o octobre 1891.

Monsieur le Rédacteur en chef du *Figaro*,

Que ce soit Talleyrand, Boulay de la Meurthe ou Fouché, qui aient dit, après l'affaire du duc d'Enghien : — « C'est pis qu'un crime, c'est une faute ! » il est certain que nous avions le droit de répéter cette phrase ici même, avant l'affaire de la rue de l'Epée-de-Bois, à l'Assistance publique qui affectait de ne pas nous entendre.

En réalité, elle écoutait si bien, qu'elle a fini par réfléchir. A la dernière heure, on s'est même remué beaucoup dans les bureaux de l'avenue Victoria; — mais trop tard, comme dans l'opéra-comique d'Offenbach.

Hier donc, tandis que la sœur Pirenne conduisait à Fontenay-Saints-Pères, près de Mantes,

les soixante orphelines qu'elle ne pouvait raison-
nablement pas exposer à être jetées dans la rue,
vers la première heure de dimanche prochain ;
pendant que la digne remplaçante de la sœur
Rosalie dirigeait sa malheureuse caravane vers le
refuge que lui ouvrait si inespérément la chari-
table marquise de Rosembeau ; — ce jour-là
même, M. le directeur Peyron envoyait rue de
l'Epée-de-Bois son délégué, M. Baudouin, pour
inviter ces dames à transférer leurs enfants dans
l'immeuble de la rue Thouin, qu'on avait décidé
de laïciser aussi, le même jour, mais qu'on lais-
serait encore ouvert par égard pour les nouvelles
hôtesses.

Quant à l'asile des vieillards, on le conserverait
aux bonnes Sœurs, en élevant un simple mur
entre l'asile abandonné et le dispensaire confisqué
pour la forme : pour les plâtres seulement dont
l'Assistance publique prendra, dimanche, posses-
sion ; mais non d'un vieil infirme, pas même d'un
chat borgne, — car tout le monde en aura dé-
campé.

Ces dames pouvaient-elles accepter cette situa-
tion fausse, d'être expulsées d'une part et d'être
accueillies de l'autre, par la même main qui les
frappait d'abord et eût voulu les caresser ensuite,
pour mieux dissimuler ses coups ? Et c'est pour-

quoi, chassées publiquement, elles restent chassées pour le public qui leur continuera ses sympathies. Les orphelines, qui sont à Fontenay-Saints-Pères, n'iront pas rue Thouin. Les vieillards conserveront la partie de l'asile où ils étaient logés déjà. La chapelle et quatre petites chambres resteront à leurs dix-neuf protectrices. Un simple mur de clôture s'élève, depuis hier, entre l'asile au complet et le dispensaire désert ; à cette même place où, en 1848, la cornette de la sœur Mélanie fut percée d'une balle, tandis que la sœur Rosalie restait agenouillée devant les fusils du peloton d'exécution auquel la sainte fille parvenait à arracher, à force d'héroïsme, sa victime.

C'est un déménagement, en somme ; ce n'est pas une laïcisation. Et comme s'exprimait le brave général Drouay, en 1870, après une malheureuse bataille : — « C'est une défaite pour nous, ce n'est pas une victoire pour eux! » est-il permis d'ajouter que, si nous nous sommes battus au *Figaro* et au *Gaulois* pour ces pauvres et généreuses filles, nous n'avons pas été précisément réduits par leurs crocheteurs bizarres ?

Veuillez agréer, je vous prie, Monsieur le Rédacteur en chef, l'hommage de mes sentiments reconnaissants et dévoués.

SŒUR CÉCILE

C'est là-bas, sur un coin oublié de la banlieue parisienne, au n° 80 de la rue de Villiers, où Levallois-Perret touche presque à Neuilly.

Dans ce pays des humbles, d'où l'acte héroïque, dont nous allons enregistrer ici l'histoire, a mis une semaine à franchir le fossé des fortifications, se trouve un hôpital. Un prêtre l'a construit librement et l'entretient sur les deniers de la charité publique. Quelques religieuses dominicaines s'en sont faites, tout aussi librement, les servantes. La maison, qui a cinquante lits, s'appelle *le Perpétuel Secours*. Jusqu'à complète occupation des salles, quiconque a mal y peut entrer.

Entrons-y un instant, nous aussi, et apprenons-y l'acte admirable qu'un simple fille de Dieu y a accompli, si humblement qu'il aura mis huit jours à dépasser le seuil de ce couvent et à forcer

l'admiration des plus acharnés adversaires de la
sœur d'hôpital !

———

Voici les Sœurs anxieuses, autour d'un lit plus
entouré. Ce lit est si petit, qu'on le prendrait pour
un berceau ; et le malade, qui y repose depuis
trois jours, est un enfant de quatre ans à peine.
Il crie, il appelle sa mère, et à ce nom toutes
celles-ci sont déjà accourues. Le médecin aussi
s'est approché et a découvert la plaie horrible
qu'une brûlure a faite, au bras du petit patient.
Cet ulcère déjà formé, il le sonde, le mesure, le
détermine et, secouant sa tête en regardant les
Sœurs qui l'aident, déclare nécessaire l'amputa-
tion de tout le bras :

— A moins que !... ajoute-t-il incrédule.

— A moins que ?... interrompt la Mère supérieure.

Et le docteur s'explique :

Eh bien ! oui, il y a un remède à cette plaie ;
mais où le prendre ? Cette chair vive peut encore
être guérie, par une autre chair vive qu'on juxta-
poserait ; une chair vigoureuse, sur cette chair
atrophiée. Où l'avoir ?

Et, du lit de son petit sujet souffrant, le docteur
promène un regard attristé dans la salle, comme

pour y chercher la mère absente dont la chair vive
ferait peut-être ce miracle.

— Alors, docteur, la mère est nécessaire?

— Elle ou une autre, répond-il. Mais qui
prendra sa place?

Qui?...

Et, à son tour, la vieille supérieure dont le sang
n'aurait peut-être plus assez de vie, cherche autour d'elle, parmi ses sœurs, la jeune femme qui
voudra devenir la mère nouvelle de cet enfant.

Elles sont plus de dix, autour d'elle; et aussitôt,
plus de dix, elles se sont présentées à la fois. En
présence d'un si unanime courage, l'âme du médecin, que peu de choses avaient émue jusqu'à cette
heure, s'agite. Ses yeux se troublent devant cette
rangée de jeunes femmes et de volontaires martyres
qui s'offrent, l'une et l'autre et l'autre encore, à qui
mieux mieux. Il sent que sa main tremble, sous
le couteau qu'elle a déjà saisi. Mais le temps
presse; et, si la sacrifiée a du courage, il faut que
le sacrificateur en ait aussi... Et de ces dix bras
de blanches vierges qui, pour la première fois
sous l'œil d'un homme, viennent de s'anudir sans
honte, celui-ci d'accepter le plus vivace et de l'attirer enfin froidement dans ses doigts.

— Sœur Cécile!... murmurent comme à regret
les compagnes de l'élue souriante.

Elle a trente ans et sa beauté remarquable est de celles qui, sous le voile, vous font penser à un magnifique soleil que tout à coup aurait enveloppé un noir nuage. Cette beauté de vierge mûre, elle la porte sur un superbe corps de femme plantureuse. Elle est belle et grande, sans s'en apercevoir ; mais elle est surtout bonne, et sa chair saine de femme immaculée, la voici, dans la fraîcheur et dans la rutilance de sa vie, comme une rose des grands jardins prête à la greffe du jardinier et à la maternité neuve qu'il lui prépare.

Il affile sa lame. Elle allonge son bras. Il lui demande du courage, et elle lui répond par un sourire : — « Allez ! » Et le couteau de pénétrer en plein bras, dans les chairs. L'acier blanc marche, et la peau rose s'enlève sous la coupe de la lame, jusqu'au rouge du sang. Il marche encore ; elle s'enlève encore. Autant qu'il en faut pour la plaie de l'enfant à couvrir, il en prend sur cette plaie de femme qu'il découvre.

Assez !...

Lui, qui tient désormais son remède, l'applique en se pressant sur la plaie morte du malade. Vous, qui vous occuperez de la mère, dépêchez-vous de bander la vive blessure que sa maternité lui vient de faire.

... Car mère, cette sœur d'hôpital, elle l'est ;

puisque voici dans ce lit son enfant, qui survit à
leur douleur commune et qui appelle : — « Maman !... Maman !... » croyant encore que c'est
l'autre, l'absente, qui va venir lui essuyer ses
larmes ; tandis que c'est celle-ci qui, oubliant
les siennes dans ses yeux, ne pense qu'à sécher
les joues mignonnes de cette créature qu'une
deuxième naissance a faite sienne.

———

Huit jours de silence sont passés sur cet exemple
admirable d'héroïque courage et de chrétienne
abnégation, qu'une femme a donné à sa race ; et aujourd'hui, comme après les heureuses délivrances,
nous pouvons ajouter, selon la formule d'usage :
— La mère et l'enfant se portent bien.

Il est des hommes généreux qui, émus par tant
de grandeur d'âme, ont demandé la croix d'honneur pour récompenser celle-ci. La croix d'honneur ? Il y a belle heure que sœur Cécile la porte,
sur sa poitrine ; elle qui, depuis dix ans, a posé
sur son blanc scapulaire le crucifix de son Epoux
et de son Dieu. Quant à sa récompense, j'estime
qu'aucune ne lui vaudra celle que sa maternité
nouvelle lui mérite, et ne lui fera éprouver de
voluptés plus profondes ni plus sacrées que celles

qu'elle seule pourrait bien exprimer, ayant été
seule à les sentir dans sa chair immolée par l'acier,
fibre à fibre.

Mais une question se pose, plus intéressante
qu'une croix d'honneur à piquer sur la poitrine
d'une femme — qui s'en passera bien.

Voici le dévouement dont sont capables et
font preuve les sœurs de nos hôpitaux religieux.
Celui des dames de nos hôpitaux laïques, où nous
les attendons encore à l'œuvre et à l'épreuve, quel
sera-t-il ?

L'avenir nous dira tant de choses !

. . . .
. . . .
. . . .

Mais, en attendant l'avenir, si nous montions,
après quelques semaines de traitement, prendre
des nouvelles de sœur Cécile et du petit, à l'hôpital qui les héberge ?

Un tout petit, tout modeste refuge, dans son
baraquement de planches à un étage qui donnent
au *Perpétuel Secours* plutôt l'air d'un chalet de
plaisance que d'un asile de douleur, là-bas, au
fond de l'interminable avenue de Villiers, dans
Levallois-Perret. A quelques numéros moins loin
vous avez rencontré l'élégant et confortable hôpital fondé par Richard Wallace pour les sujets

anglais qui sont abrités là, sous pignons et tourelles, plus heureux même en terre étrangère que des Français, à douze pas plus loin, dans leur propre pays. Mais, baste ! l'ombre des acacias est la même, pour toutes les maisons de cette rue. Elles s'y fourrent, comme en des nids bien frais où les oiseaux d'été se trouvent bien... Et je cours voir les miens, sans envier rien de plus à ceux du richissime Wallace.

A la porte du paisible retrait, c'est le bon fondateur qui m'y reçoit lui-même : le vénérable abbé Raboisson, à la barbe touffue de missionnaire, au visage large et un peu brûlé par les soleils de l'Assyrie qu'il avait explorée en tous sens, avant d'ouvrir ici cet hôpital, — l'Académie des Inscriptions et Belles-Lettres le sait bien, si tout le monde semble ignorer encore les prodigieux travaux de cet obscur cunéographe. Mais ici le savant a accroché ses ailes à la patère du vestibule qui retient son chapeau et ses jumelles de voyage, et nous n'avons devant nous que le sympathique directeur du *Perpétuel Secours* qu'il a construit lui-même.

— Eh bien, monsieur l'abbé, vous savez la nouvelle ?

— Laquelle donc ?...

— Sœur Cécile est médaillée. — (Pourquoi

M. Carnot ne m'a-t-il pas permis de dire *décorée ?*)
— Tenez, lisez vous-même le compte-rendu de la
dernière séance de l'*Enseignement du Bien*, où
M. Jules Simon a décerné, entre autres, trois médailles : une à l'abbé Margerie, pour son dévouement à Fourmies le 1er mai 1891 ; une autre à
l'abbé Lanusse, aumônier de Saint-Cyr, pour
son beau livre des *Héros de Camaron*, et enfin la
médaille d'honneur à sœur Cécile, pour son acte
héroïque du mois dernier.

— M. Jules Simon, répond l'abbé en souriant,
est un brave homme. Mais soyez sûr que sœur
Cécile, qui ne sait encore rien de cette promotion,
n'en saura jamais rien. Vous l'avez dit déjà, en
écrivant l'éloge de cette sainte fille, son acte même
était sa récompense ; et il y a belle heure qu'elle
l'a oublié. Elle n'a jamais su, d'ailleurs, le bruit
que son action si simple avait fait autour d'elle.
Le bruit?... Mais il n'arrive même pas à cette
porte, et tant mieux pour nos pauvres malades.
Prêtez plutôt l'oreille...

J'écoute Paris au loin, comme un murmure
qui vous endort dans le soleil de cette banlieue
verte. Quelquefois, la corne de l'omnibus de
Levallois qui souffle... Plus souvent, un oiseau
qui chante dans les arbres... C'est tout.

Je n'ose pourtant croire à tant d'abnégation,

dans le sacrifice même. L'abbé comprend mes doutes et m'invite à pénétrer dans l'hôpital, pourvu que je fasse aussitôt disparaître dans mes poches crayons et notes, — mais non avant d'avoir copié, sur un tableau d'honneur lambrissant le couloir, les noms des bienfaiteurs principaux et encore trop rares du *Perpétuel Secours* : la comtesse de Vatimesnil, la comtesse de Choiseul, la princesse de Béthune, la duchesse Pozzo di Borgo, la comtesse Humbert de Quinsonas ; MM. Albert de Vatimesnil, le baron de Mackau, Albert Davilliers, Gamard, l'Archevêque de Paris, le Père Anselme-Marie, général des Chartreux, Léon Lefébure, l'abbé d'Arblade, l'abbé Guérard, l'abbé Brisset, etc... Voici la chapelle, dans l'axe des salles communiquant avec elle par des portes qu'on ouvre, à l'heure de la messe, et l'hôpital entier n'est alors qu'une église. Voici les salles aussi, à droite celles des femmes, à gauche celles des hommes. Dans le jardin que nous regardons par une fenêtre du couloir, un enfant de quatre ans à peine joue, d'une main. L'autre est enveloppée d'un bandage.

— Le petit blessé, peut-être? demandai-je à l'abbé.

— Précisément ! répondit-il, et il appelle : Hé ! p'tit !...

— B'jour, m'sieur l'abbé!... dit d'une voix toute blanche le doux petit malade, à la figure particulièrement blonde et sympathique, timide presque mais souriante.

— Comment t'appelles-tu ? lui dis-je.

— Marcel.

— Marcel qui?

— Marcel Tom'y. (Sur la petite plaque qui surmonte son lit, je lirai tout à l'heure : Marcel Tommerie, 4 ans, 80, rue de Monceau. Entré le 17 février 1891.)

— Qui aimes-tu, ici ?

— Sœur Cici!...

— Tu sais : moi, je l'emmène, sœur Cécile !

— Non ! s'écrie-t-il. Et d'une trottée, il s'élance vers la porte du jardin, où il disparaît aussitôt.

— Où va-t-il ? demandai-je à l'abbé.

— A sœur Cécile. Dame ! ne l'avez-vous pas menacé de lui voler sa seconde mère? Nous allons certainement le retrouver, suspendu à la bure de la sainte fille. Il vous la fera ainsi reconnaître. Mais pas un mot, devant elle, de ce que vous savez, de grâce !

Des salles. Encore des salles. D'un lit à l'autre, les sœurs blanches. Le réfectoire enfin où, à l'heure du déjeuner, les convalescents prennent place à une longue table. Une religieuse les sert.

Grande, forte, belle et toute jeune encore, j'aurais nommé la sœur Cécile au doux portrait qu'on m'avait fait d'elle, si le petit Marcel, suspendu à la robe blanche et la suivant pas à pas, ne m'avait aussitôt indiqué celle qu'il peut bien appeler sa mère, lui qui en porte la chair dans sa chair depuis deux mois que cette vierge-mère a fait renaître cet enfant. Il me regarde, avec des yeux peureux, et serre de plus près celle que je viens lui prendre peut-être.

Et elle, sans se retourner et sans désirer me connaître, moi qui ne suis pas malade, bon tout au plus à célébrer son courage en ces lignes qu'elle ne lira jamais :

— Comment dit-on ?... fait-elle à son petit, d'un air de mère.

— Bonjour ! reprend l'enfant.

— Bonjour qui ?... continue-t-elle.

— Bonjour m'sieur !

Et c'est tout. Et je laisse la mère et son enfant, elle à sa modestie de sainte fille, lui à son bonheur de la posséder tout entière et tout seul, — en attendant qu'un autre dévouement, aussi facile à accomplir demain qu'il l'avait été hier, donne, s'il le faut, d'autres frères à ce fils, d'autres fils à cette mère. Surtout ce que je ne puis traduire avec des mots, c'est le charme de ce foyer dont une vierge est devenue la mère, et dont le père est ce prêtre qui m'accompagne encore jusqu'à la porte de l'hôpital, dans ce parfum de poésie chrétienne où j'entends l'abbé Raboisson me dire en me quittant :

— Après cinq ans de vie dans ce *Perpétuel Secours*, j'ai cinquante-quatre lits. Cent mille francs les ont institués, dès l'origine. Soixante mille francs les entretiennent, chaque année. Pourquoi, au lieu d'une médaille dont ici l'on ne saura que faire, M. Jules Simon n'a-t-il pas eu l'idée de nous envoyer quelques gros sous, ou de fonder enfin le cinquante-cinquième lit dont sœur Cécile serait si vivement reconnaissante à l'honorable président? Cette récompense, je le crois, — et que M. Jules Simon ne m'en veuille pas trop! — cette récompense plaira mieux à la brave fille qu'une médaille d'or qui, si elle arrive jamais au *Perpétuel Secours* (j'en avertis d'avance la *Société d'Encouragement au Bien*), sera portée bien vite au Mont de-Piété... Adieu, Monsieur!...

Post-scriptum. — Le journal, qui publiait ces lignes, les faisait suivre de la lettre suivante que j'avais pris la fantaisie de rédiger, sans en faire partager la responsabilité à l'humble Sœur à l'oreille de qui, — encore une fois — tous ces vains petits bruits de gloriole humaine ne doivent jamais parvenir.

Sœur Cécile à M. Jules Simon

« Monsieur,

« Un journal, courant depuis hier sur la table, a annoncé la nouvelle à nos malades qui me l'ont apprise à moi-même. Ainsi, sans que vous en ayez préalablement prévenu personne, ni moi, à l'hôpital du *Perpétuel Secours*, vous avez bien voulu publier dans les journaux que votre *Société de l'Encouragement au Bien* me décernait une médaille.

« Et pourquoi donc ?

« Ou, par cette récompense, vous avez voulu m'encourager à continuer de bien faire ; et vous pouvez croire, Monsieur, que votre zèle paraîtra excessif à quiconque connaît les vœux, — si simples fussent-ils, — de dévouement jusqu'à l'abnégation qu'une religieuse a jurés à Celui qui est ici-bas et ailleurs son seul merci.

« Ou c'est un acte louable, que vous voulez exceptionnellement louer ; et là encore les journaux, trop bavards ou trop bons, ont abusé de votre bienveillance. Ce n'est pas tout un bras que j'ai donné, moi femme, pour guérir un pauvre enfant. De ce bras, il me reste même de quoi

greffer encore vingt plaies semblables ; et votre
médaille, j'en ai peur, couvrirait trop largement
une blessure moindre qu'elle : ce qui serait une
injustice. Et puis, quel est donc ce grand homme
de l'histoire que vous faites profession d'ensei-
gner, lequel, ayant donné pour le moins tout son
bras, jura à son bourreau qu'il en trouverait trois
cents autres pareils ? Ce n'est ni par trois cents,
ni avec tant de bruit, que le couteau du médecin
comptera mes émules, parmi les sœurs que mon
Époux m'a données et qui, toutes et sans tapage,
donnent à chaque heure en souriant leur corps
entier ou par morceaux, au service ou à la gué-
rison de ses membres souffrants.

« Ainsi, Monsieur, votre médaille fait fausse
route en s'adressant à un hôpital où le dévouement obligatoire n'a pas à être encouragé, et où la
religieuse dont vous avez remarqué le courage en
compte trois cents et plus de pareilles et, certes,
d'autrement héroïques. Si votre *Société de l'Encouragement* veut les médailler toutes, croyez-
moi, elle ne sera pas assez riche.

« Pour moi, d'autres sollicitudes ont pris mon
cœur, depuis deux mois que je suis mère. Je
pense à mon petit Marcel. Vraiment je rougirais
à me voir si belle, avec une médaille d'or sur ma
bure, à côté de mon fils pauvre et qui voudrait

aussi, ma foi! comme sa mère, sur son cœur une décoration que sa patience avait méritée certes autant que mon dévouement. Après deux mois de tortures, le voilà mieux. Il est guéri. Il va partir. Je vais faire sa malle… Tenez, Monsieur, pour trois chemises et un vêtement de rechange dont il aura bien plus besoin que de colifichets, voulez-vous nous monnayer cette médaille-là en gros sous? A cette condition, j'accepte votre offrande. Différemment, cette décoration de riche risquera fort à s'égarer au fond de la valise où le petit va vouloir l'emporter, en souvenir de celle dont le seul mérite aura été de la lui faire parvenir.

« En attendant votre réponse généreuse, je vous prie d'agréer, Monsieur, de cette mère et de ce fils reconnaissants, les plus respectueux hommages.

« Sœur CÉCILE.

« *Pour copie conforme :*

Suivait ma signature que je voudrais inscrire au bas de mille héroïsmes semblables. qu'il est, après tout, plus éloquent de taire au fond de ces salles muettes d'hôpital d'où les témoins d'actes si beaux ne sortent trop souvent que pour aller les oublier dans les ingratitudes de la vie, ou les ensevelir dans les mystères de la mort.

DEUXIÈME PARTIE

LES AUMONIERS MILITAIRES

I

L'ABBÉ MOULY

Pour une fois que la République française décore un prêtre, faisons-lui sincèrement l'hommage de nos remercîments et de ce portrait.

Là, entre le rabat et la ceinture, à un bouton de la soutane, tranchant bien rouge sur fond bien noir, paraît sur lui le fin ruban des légionnaires.

Depuis trente ans que ce bon prêtre, jeune encore par l'âge mais vieux déjà par ses services, l'avait bien mérité et le pouvait attendre, il lui avait réservé une de ces larges et solides poitrines, telles que le robuste Aveyron en sait faire et telles qu'en sait aussi démolir la délétère Guadeloupe. Mais depuis douze ans que, pour entrer et se soigner à l'aumônerie de Charenton, l'abbé Mouly a quitté les colonies et les fièvres dont quinze années d'un dur séjour chez nos disciplinaires avaient fini par délabrer son corps robuste, ce n'est guère que par le souvenir qu'il se souvient encore de si rudes épreuves.

Et je le trouve, cette après-midi d'août, dans son aumônerie de Charenton, gai, accueillant, fleuri du visage où la santé rayonne.

Quand il me conduit vers une chaise de son cabinet de travail, c'est tout au plus si ce grand corps de Rouergais solide traîne la jambe, de fatigue. Dame! il revient de si loin, dit-il, en se renversant dans son fauteuil, sous la fenêtre dont le jour éclaire une tête fortement découpée et où les fièvres anciennes ont cependant laissé des traces de langueur. La voix aussi traîne, comme la jambe; et, sur un ton de bon méridional qui ne s'emballe pas pour couri plus longtemps :

— Mes états de service? dit-il... Ils sont bien

simples. Aumônier d'hôpital, là-bas comme ici.
Là-bas, pour des soldats ; et ici, pour des fous :
voilà la seule différence.

En 1863, parti de Rouergue avec onze autres
prêtres, il eût voulu servir l'armée sur les champs
de bataille. Il ne la rejoignit qu'à l'hôpital.

On avait fait escale à la Guadeloupe, dans le
petit lazaret des Saintes, dont l'ilot flotte à quelques lieues de la grande île ; et ce fut là que l'abbé
Mouly s'arrêta et s'interna, quinze ans, avec nos
soldats et les fièvres pour compagnons de vie.
L'un après l'autre, les onze prêtres compagnons de
celui-ci moururent. Le vomito-negro n'épargna
que lui seul, et il ne s'entêta que plus opiniâtré-
ment à continuer à nos pauvres soldats décimés
ses services d'aumônier et de garde-malade.

Pour se fixer plus résolument dans les Saintes,
il s'en fit nommer curé et, oubliant la mort qui
d'ailleurs ne voulait pas de lui, il se mit à vivre en
véritable indigène dans sa paroisse de Hautes-
Terres. Visiter les colons dans leurs cases, dans
leurs maigres plantations de patates, de bananes
et de mancenilliers ; accompagner les pêcheurs,
jusque dans leurs pirogues ; quelquefois prendre part à la chasse des uns et à la pêche des
autres : telle fut sa vie de chaque jour. Mais,
sous un climat si meurtrier, la fièvre arrivait au

galop. Pour courir plus vite qu'elle et pour la fuir, le prêtre austère fut obligé, comme les autres insulaires, de boire à pleins verres l'absinthe et le tafia qui, enflammant le sang de ces buveurs, repoussaient par des températures équivalentes le feu toujours entretenu de ces maladies chaudes. Grâce à ce traitement par les alcools, on ne se tuait pas tout d'un coup ; mais les ravages qu'il opérait à la longue dans ces estomacs délabrés, pour retarder la mort, n'était que plus certain de la produire avant la première vieillesse.

Après quinze ans de cette intoxication courageuse, il fallut bien que l'abbé Mouly se déclarât à bout de forces ; et il ne rapporta, rentrant en France, que la ruine d'un corps autrefois robuste et gai, mais, à cette heure, amaigri et languissant loin de son île.

Aujourd'hui encore, quand vous questionnez l'ancien curé des Saintes, vous reconnaissez vite qu'il n'a ramené de là-bas que son corps. Le cœur est resté à l'ombre des mancenilliers de Hautes-Terres, au refuge dans la chapelle de Notre-Dame-de-la-Garde ; — cette chapelle-phare qu'un savant, de l'aveu de l'amiral Thomasset, gouverneur de la Guadeloupe, n'aurait pas su construire et que ce simple prêtre, Dieu aidant, éleva par miracle.

Voici comment :

L'îlot des Saintes surnage donc, à quelques lieues de la Guadeloupe. On gagne ce parage, très sûr pour les vaisseaux, par deux anses ouvertes sur les côtés : l'une, au nord, et l'on y vient de la Guadeloupe en contournant toute l'île ; l'autre, au sud, et regardant en face la grande île. Mais celle-ci, — la plus commode pour l'évolution des navires de guerre qui y trouveront un rapide refuge, sans perdre la Guadeloupe du regard, et toutefois en s'isolant d'un coup de feu qu'ils pourraient continuer à souhait après leur ravitaillement, — cette anse n'était pas moins la plus dangereuse à doubler pendant le jour, et impossible à passer la nuit durant.

L'obstacle provenait de deux énormes blocs de madrépore, que les insulaires appellent les Baleines et qui surgissent à l'embouchure de ce port, solitaires et distants de vingt mètres l'un de l'autre. Que le vaisseau aiguillât mal son cap, et la vague allait le briser sans merci contre un de ces récifs terribles.

L'abbé Mouly, qui observait depuis longtemps ce poste, si avantageux à nos frégates, si elles parvenaient à le gagner sûrement et à dominer d'ici la côte entière, avait remarqué depuis longtemps, entre autres, la pirogue d'un nègre étonnamment habile à doubler ce passage. Or, un jour qu'il avait pris place dans l'embarcation de l'insulaire, il se hasarda à demander à celui-ci son secret. Le nègre était un bon chrétien et crut qu'il damnerait son âme s'il ne répondait pas au prêtre.

— Comment je passe ?... Tiens, Père, vois-tu ce bananier, là-haut, sur ce point de la côte ?... C'est lui, que je fixe. Je pousse alors ma barque, et, cent fois sur cent, j'enfile les Baleines. Vois, encore. Houp ! là !... et nous y sommes.

Ils étaient dans le port, en effet ; et le grand secret, que tout l'état-major de l'amiral Thomasset cherchait depuis longtemps, était enfin trouvé. Mais, par quel point de mire plus visible remplacer cet humble bananier, qui se perdait dans le lointain profil du môle et qu'on ne voyait plus, dès que la nuit arrivait ?

Le prêtre a son idée. Il demande aux disciplinaires s'ils veulent l'aider à construire sur la hauteur une chapelle. Quelques soldats se prêtent à ses vœux. La chapelle rêvée se bâtit pierre à pierre, s'élève dans les airs, est achevée, pendant le jour apparaît toute blanche à plusieurs lieues en mer, pendant la nuit s'éclaire comme un phare, et l'heureux prêtre la remet enfin — avec son secret — à l'amiral Thomasset qui, reconnaissant de la sûreté de ce calcul et de l'importance de ce poste acquis par l'abbé Mouly à la flotte française, s'écrie en remerciant l'ingénieur improvisé et en lui disant qu'il va le proposer à l'Empereur pour la croix :

— Vos mathématiques, monsieur l'abbé, sont plus fortes que les nôtres !

— Les mathématiques du bon Dieu, amiral !

La croix, demandée en 1868 par M. Desmazes, gouverneur de la Guadeloupe, tomba au feu avec l'Empire en 1870. Mais l'abbé Mouly, fatigué jusqu'à l'usure par quinze ans de mission, fut rappelé en France et placé en 1878 à l'aumônerie de l'Asile national de Charenton.

C'est là que, grâce à l'attention de MM. Constans et Guyot-Dessaigne, la croix de la Légion d'honneur est venue honorer ce chevalier de date déjà vieille. C'est à qui, de l'asile, écrira maintenant les lettres les plus élogieuses au nouveau légionnaire devenu, par ce titre, le collègue de tant d'infortunés officiers et personnages politiques, — tristes hôtes de Charenton. J'en ai lu, dont la signature demandait le respect, dont l'écriture inspirait les égards. Ils sont ainsi plusieurs qui se sont cotisés pour offrir, le dimanche après sa promotion, à l'abbé Mouly, un cadre d'honneur où sa croix de chevalier reposerait sur un beau lit de velours rouge.

5

Quand l'aumônier l'a su, il a regretté amère-
ment qu'un autre vieil ami ne fût pas de la fête.

— Quel ami ? demandai-je.

— Tenez, celui qui a jeté son dernier coup de
crayon sur cette page.

L'abbé Mouly a ouvert un album et me tend
un carton présentant le portrait de l'aumônier.
Un portrait pâle, comme fut à son dernier rayon-
nement l'imagination du grand et pauvre artiste
qui essaya là-dessus ses forces épuisées, pour re-
tracer la silhouette d'un ami et la signer du nom
très lisible d'André Gill.

—Un brave cœur, allez! qui ne voulut pas s'en-
dormir sans que je l'administre et l'embrasse.
Ses autres amis, — dont une femme célèbre, —
l'ont emporté d'ici, pour l'enterrer civilemen
dans je ne sais quel coin de cimetière où quelques
fleurs lui tiendraient lieu de croix. Mais c'est
bien dans mon cœur que j'ai enseveli son souvenir. Il y reste... Ah! pauvres nous, n'est-ce
pas, monsieur! avec tous nos génies d'artiste,
toutes nos croix d'honneur, qui ne nous empê-
chent pas de perdre un jour la tête.

II

L'ABBÉ X...

Bien qu'ils ne comptent pour rien, au ministère de la guerre, ils sont en réalité quatre-vingt-neuf aumôniers militaires libres.

Un par département.

Ils ne toucheront pas de solde en temps de paix, mais ils devront le service en temps de guerre. Tout a été prévu : chaque évêque alimentera comme il pourra la caisse dans son diocèse ;

et, avec cet argent, sera installé un cercle exclusivement réservé aux pioupious, dans le voisinage de la caserne du chef-lieu. On achètera des livres de bibliothèque militaire et des jeux de société, puis des pharmacies portatives et des voitures d'ambulance.

Et ce sont quatre-vingt-neuf braves prêtres, aidés d'un nombre indéfini de braves gens, qui mènent cette œuvre à bonne fin.

Le hasard d'un voyage récent au Midi de la France, m'y a fait rencontrer, l'autre jour, un de ces bons soldats déguisés en bons prêtres. Mettons, par prudence, que l'endroit s'appelle Z..., et l'abbé, X...

C'est huit heures du soir, dans une rue noire et étroite comme un canon de fusil, silencieuse et déserte comme les abords d'une caserne où la retraite a rappelé tout le monde et éteint tous les feux. En comptant les maisons, je trouve enfin la porte que je cherche dans ce boyau d'enfer.

— Pan! pan!...

Une fenêtre, encore allumée, s'entre-bâille :

— Ah! c'est toi? Monte, monte!... me dit l'abbé en reconnaissant son camarade de collège et en descendant, quatre à quatre, vers moi.

J'entre. La maison est immense, comme ces vieux hôtels de province où, dans l'interminable enfilée des salles vides, on cherche avec stupeur les habitants absents. Du vestibule, où la lampe égare sa lumière, je passe au salon de lecture où d'autres lampes éclairent stoïquement les journaux illustrés et les brochures de la table.

De la salle de lecture, nous passons à la salle des jeux. Là, le spectacle se fait plus navrant encore. Des cartes toutes neuves, sur des tapis tout neufs, ayant pour toute compagnie deux chaises neuves qui se font vis-à-vis ! Un billard y tient le milieu, un billard flambant neuf, lui aussi, que l'abbé avait eu la constance de surveiller du meilleur œil, au cercle des « Amis de l'Ordre », jusqu'à ce que la liquidation forcée de ce cercle permît au futur aumônier d'acheter, pour trois cents francs — pour rien ! — ce meuble magnifique, non plus à bandes plates, comme dans les cafés retardataires de Carcassonne, mais à ourlets de caoutchouc, comme dans les clubs avancés de Paris.

— Oh ! ça viendra !... ajoute l'abbé, me poussant vers d'autres pièces vastes et vides, qu'il ne désespère pas de voir s'emplir.

Et puis, là-haut, près des greniers, dans une dernière pièce de l'immense hôtel, un coin grand comme la main, où un lit de fer et la bibliothèque de prêtre ont pu se loger. L'abbé me montre ce réduit timidement, en entr'ouvrant la porte à peine :

— Ma chambre !... ajoute-t-il humblement.

J'ai tout vu.

Nous redescendons dans la salle des jeux, où une lampe est restée allumée. L'abbé m'offre un fauteuil, s'assied sur le billard, et nous causons. Ah ! çà, où veut-il en venir, avec l'installation coûteuse de ce cercle sans membres, et au fronton duquel il peut écrire : *le Cercle de la Belle au Bois dormant?*

— Où je veux en venir? me dit-il ; mais au point où j'en suis. Ouvrir un refuge, — cercle ou cabaret, car j'aurai aussi la cantine gratuite pour mes hommes, — mais un abri enfin où nos pauvres soldats, si seuls dans les grandes villes, trouveront pour un instant un foyer. As-tu pris seulement garde à la tristesse du pioupiou quand il promène sa mélancolie désœuvrée les longues journées du dimanche et les interminables soirées de chaque jour, dans nos rues banales qui ne lui disent rien, loin de la mère et de la fiancée? Moi, il me navre, ce pauvre garçon perdu chez nous et tuant l'heure, le long d'un mur, de ville qui ne l'a pas vu naître, dans un fossé de fortification ou sur un cours de promenade, où nulle main aimée ne cueillera pour lui la tendre fleur des vœux sacrés.

» J'ai pris conseil de mes confrères. Des quatre coins de la France, nous nous sommes réunis quelques-uns. D'après un plan bien arrêté, nous avons résolu d'agir d'ensemble et d'accord avec nos évêques qui, plus riches que nous, nous aideraient dans nos premiers efforts. Ainsi, le mien me permettant de puiser à fonds perdus dans sa bourse, j'ai pu louer cette maison où se centralisera mon œuvre. Elle est sur la paroisse de la caserne. Je suis considéré comme le vicaire de cette paroisse, non comme l'aumônier de cette caserne; et, sans que le gouvernement y trouve à redire, j'arriverai peut-être au but que je poursuis.

— Et ce but?...

— Je te l'ai dit. Veux-tu l'entendre en d'autres termes ? Servir la goutte à nos soldats. Leur offrir des livres aussi et un enseignement libéral qui, ennoblissant leurs esprits, élèvera leur courage militaire à la hauteur de leur conscience chrétienne. « C'est ce que je ne comprends pas très bien, m'a dit, hier, le Général de l'endroit à qui j'exposais les tendances moralisatrices de mon œuvre. Faites un rapport. Je le ferai vérifier. » Avant que ce rapport lu et approuvé me revienne, j'ai peur que bien des braves pioupous, que je vais attirer dans mon cercle avec l'appât du verre de riquiqui et du timbre d'affranchissement auquel auront droit toutes leurs lettres — je n'excepte, pour cause de discrétion, que celles qui seront adressées confidentiellement à la « payse » — j'ai peur, dis-je, que bien de ces bons diables n'épuisent ma cantine et mon bureau de tabac, bien plutôt que ne fera de son encre le secrétaire d'intendance, au paraphe duquel ma patente de gérant de cercle sera soumise hiérarchiquement.

» Bref, ce cercle, je l'ai. Cette patente, je l'aurai. Par file à droite, arrrche! Voici mes pioupious qui s'amènent. Par exemple, j'y pense : quand ils auront lu les deux ou trois méchants bouquins qui jouent à cache-cache dans mes armoires vides, que leur offrirai-je pour les retenir plus longtemps? Dis donc, toi qui coudoies de si près à Paris les bonnes âmes des éditeurs, et tant de lecteurs de bons livres dont on ne sait que faire quand ils sont feuilletés, si tu créais pour nous quelque chose, comme l'œuvre des vieux journaux qu'on recueille pour les hôpitaux de Paris? Vous diviseriez tout le stock de ces livres en autant de parts qu'il y aurait de cercles militaires, inscrits dans l'œuvre. Ainsi aidée par vous, cette œuvre des cercles prospérerait; et il y aurait peut-être chaque jour, sur quelque coin de France, un pauvre diable de pioupiou qui, mieux instruit par la générosité parisienne, remercierait du fond du cœur la capitale.

» Allons, pour nos soldats et pour la France ! »

— Ainsi soit-il ! Et que le bon Dieu des cercles enrichisse le tien de plus de livres que de cartes. Qu'il te préserve de la roulotte, de la cagnotte et de toute la terminologie en *otte*. Qu'il te garde surtout des soldats grecs, toi qui ne veux avoir affaire qu'à des soldats français !

Et toi, public généreux des livres que tu ne relis pas, te voilà prévenu que des soldats affamés de saines et instructives lectures attendent tes... coquilles.

PRO DEO

III

L'ABBÉ LANUSSE

Il y en a donc encore, des aumôniers militaires
en titre, depuis que la dernière guerre et les dernières persécutions en ont tant fait mourir ?

Encore un, le dernier, le plus vieux et le doyen
de tous. Il vit encore, Dieu merci ! là-bas, dans
un petit coin oublié de l'école Saint-Cyr où les laïcisateurs féroces feignent de l'oublier. D'ailleurs,
ceux-ci votèrent eux-mêmes l'exception en faveur
de l'abbé Lanusse quand, abolissant en temps de
paix tous les aumôniers des régiments de France,
ils se trouvèrent en présence de cette poitrine de
prêtre littéralement couverte de croix et de médailles gagnées, depuis trente ans, sur nos champs
de bataille.

Ils reculèrent.

Et l'abbé Lanusse avança, non seulement main-
tenu dans les cadres de l'armée française, mais

encore promu après 1870 au grade d'officier de la
Légion d'honneur, et d'aumônier du premier
Bataillon de France et de chapelain de Saint-Cyr.

———

C'est là, par cette chaude après-midi de juin,
qu'il me reçoit lui-même à un premier étage de
la cour Rivoli où la statue équestre du jeune et
beau Marceau, montant jusqu'à la hauteur des
fenêtres du vieux et vaillant prêtre, ne lui rap-
pelle que de très loin ses premières campagnes.

— Mes premières campagnes, mon cher enfant!... me dit-il, en regardant un instant vers la
cour, de ses bons yeux tout bleus, pleins de mélancolie. Et il me fait asseoir, m'y poussant presque,
dans l'unique fauteuil boiteux de son pauvre cabinet d'étude.

—Enfin, Monsieur l'aumônier, vous avez bien
commencé par une?

— Par la campagne d'Italie. Ah! vous étiez
bien petit, mon fils! — et même étiez-vous de ce
monde? — quand, en 1859, je quittai brusquement notre belle Gascogne et ma chère paroisse
de Monheurt, pour suivre l'armée française à Magenta et à Solférino. Que voulez-vous, nous étions
tant de prêtres à veiller sur nos paisibles cam-

pagnes ! Et sur ces campagnes orageuses, où tant de nos pauvres petits paroissiens allaient mourir peut-être, n'y aurait-il aucun d'entre nous à les suivre et à les assister ? Ma foi ! je n'y tins plus, et je partis... Je revins aussi, oui, avec la croix d'aumônier sur ma poitrine, Dieu merci ! Mais cette pauvre croix de bois de mon église dont, aux yeux de mon évêque irrité, je semblais avoir débarrassé mes épaules insoumises, il fallut, en expiation de mon crime, la transporter en disgracié dans une autre paroisse plus pauvre encore. Hélas ! je ne fus pas longtemps dans ce trou de Béquin où je venais d'être justement exilé ; et, la France se préparant quatre ans plus tard à repartir pour le Mexique, mon évêque prit mon défaut en patience et me laissa rejoindre l'armée en me bénissant cette fois, avec ce mot : « Tenez, mon cher curé, vous sentez la cantine ! » Je le crois bien, mon vieux soldat de père ne m'y avait-il pas fait naître ?... A propos de cantine, vous avez soif, mon enfant !... la journée est si lourde !... Marie ! descendez, je vous prie, à la cave et apportez-nous une « première classe ». Oh ! ma servante m'a compris ; vous allez boire quelque chose de « chez nous », une petite goutte de vieux Buzet qui vous attend ici, depuis vingt ans que le bon Dieu l'a faite, en prévoyant votre visite.

— Merci, monsieur l'aumônier. Et alors, au Mexique ?

— Et alors, au Mexique, comme en Italie, il fallut être brave. Mieux : on y fut héros. Voyez-vous, dans cette bibliothèque, les trois cents manuscrits in-folio que j'y ai renfermés et condamnés à dormir, jusqu'après ma mort? Il y en a deux cents, consacrés à cette seule campagne et aux prodiges de courage qu'elle engendra. Voyez-vous celui-ci, écrit sur parchemin et enluminé à chaque page des plus riches couleurs ? C'est sur du bronze que j'eusse voulu le couler, et le ciseler au burin. Il raconte l'histoire à jamais immortelle des *Héros de Camaron*, où 65 Français résistèrent à 2,000 Mexicains, jusqu'à ce que fût abattu le dernier de ces braves. Je suis vieux. Je mourrai bientôt peut-être. Mais je ne voudrais pas emporter dans la tombe cette page, — une des plus glorieuses avec le Borrégo et Mazagran, — qui mérite de figurer parmi les plus belles de l'histoire et de l'armée françaises. Aussi, sur mes vieux jours, d'une main chancelante mais d'un cœur fier, j'ai écrit et réuni ces notes en un livre que l'éditeur vous fera lire, aux premiers jours du mois prochain. Après cela, on continuera à médire de la campagne du Mexique à laquelle les événements politiques, indépendants du courage de notre armée, donnèrent un dénouement si triste. Mais que la même tristesse doive planer sur une histoire s'ouvrant au grand soleil des beaux tropiques et ne se fermant que sur des tombes pleines de héros, non ! non ! mille fois non !

— Et après le Mexique, vous allez ?...

— Voyons ! où vais-je après le Mexique ?

Et le brave aumônier, cherchant dans sa mémoire les longs et pénibles chemins où la fatigue a blanchi sa tête vénérable et où la bravoure a fait saigner la symbolique rosette que je regarde perler comme une gouttelette de sang à une boutonnière de sa soutane, reprend enfin ses souvenirs avec ces mots prononcés dans une simplicité presque sublime :

— Après le Mexique ?... Mais c'est Sedan et la Commune. Tenez ! mon cher enfant, ne parlons plus de ces horribles choses.

Comme il s'est relevé tristement et que je le regarde s'avancer, sans chanceler d'un pas, vers sa table de travail où s'entassent page sur page ses volumineuses chroniques, — chacune étant enluminée à la manière des manuscrits du moyen âge, — je lui demande encore s'il n'a jamais été blessé.

— Jamais ! répond-il.

Et se remettant crânement sur ses jambes, il va

à sa cheminée, vers une boîte que la poussière recouvre; il l'ouvre et, parmi trente croix qui y dorment, il en choisit et retire une dont la poudre a brûlé les couleurs et dont une balle, la frappant au milieu, a réuni effrayamment les quatre branches.

— C'est à Sedan, ajoute-t-il en riant, qu'une dragée me fit sur cette croix la plus « approximative » caresse. D'ailleurs, devais-je mourir avant d'accompagner mes nouveaux enfants de Saint-Cyr au rendez-vous où je leur ai promis, malgré l'âge, de les rejoindre? Ainsi, en attendant, je vais leur faire lire, comme un exemple qu'ils sauront imiter, mes chers *Héros de Camaron* (1). Que je vais être heureux devant ce livre, — le premier de ma vie ! C'est d'aujourd'hui seulement que je regrette de ne pas savoir écrire, moi qui, toute ma vie, n'avais désiré savoir que prier Dieu et servir la France !... Dites-moi : M. Zola a beaucoup de talent, n'est-ce pas ? On voit agir ses sujets, dans les romans qu'il raconte ?...

Oui, cher et brave aumônier, et vous aussi vous aurez dans votre petit livre de demain le talent qu'il vous faut ; celui d'instruire vos lecteurs,

(1) *Les Héros de Camaron* par l'abbé Lanusse; Paris, 1891, Flammarion, éditeur.

qui vaut bien le talent de leur plaire. Aussi bien
qu'un maître de la plume, vous aurez su donner,
autant qu'eux, l'âme à des héros qu'ils font vivre
en les inventant de toutes pièces ; tandis que vous,
c'est en compagnon du même glorieux martyre
et après avoir vu de vos yeux tomber les vôtres,
que vous direz comme ils moururent.

Va, petit livre que bien des âmes françaises
aimeront lire, l'art distingué que ce prêtre simple
n'aura peut-être pas su te donner ne nous tien-
drait pas lieu de la vérité haute que contiendront
tes pages : à savoir qu'en France, — même in-
connus, car qui nous avait parlé encore de ces
soldats de Camaron ? — autant qu'il y a de cœurs,
il y a peut-être à l'occasion autant de héros qui
sommeillent.

Et quelle chose plus simple, après tout, que la
vie et la mort des héros ?

Voilà un brave et un soldat, ce prêtre ! Et ce
prêtre-soldat, recevant le 14 juillet 1891, à la revue
de Longchamps et sur le front de toutes les
troupes de Paris, le salut solennel du général
Saussier et les acclamations enthousiastes de la

foulé des tribunes, me permet aujourd'hui de compléter ces notes sur une si curieuse figure.

C'est le fait des belles actions de survivre aux hommes qui les commirent pour qu'elles servent d'exemples à la postérité qui, se les rappelant, voudra les imiter.

L'histoire de l'aumônier Lanusse, qui semble une légende par ses naïvetés héroïques, je ne la connaissais pas comme aujourd'hui, quand j'avais eu l'honneur d'écrire la préface des *Héros de Camaron*. L'écrivain m'avait prêté ses manuscrits. L'homme m'avait refusé sa personne. D'anciens compagnons d'armes, émus par la publication de ce beau livre, m'ont depuis révélé la haute valeur d'un tel prêtre ; et le généralissime de l'armée française, en louant publiquement devant toutes ses troupes et devant tout Paris les hautes vertus de cet ancien soldat encore sous les armes, a permis aux témoins de tant de valeur et de tant de modestie de prendre, après lui, la parole.

Hé ! les enfants, vous vouliez des histoires ?

En voici, et des plus belles encore. Mais ne m'interrompez pas, et allons lestement. On marche vite, au pas de charge.

. . . .

En 1862, tandis que dans tout le pays de France

on parle d'aller faire la guerre en Amérique, un prêtre, court de taille, gai de figure et mûr d'âge, qui revient à peine de la campagne d'Italie où il fut aumônier, court frapper à la porte d'un petit évêché du pays de Gascogne:

— Monseigneur ! c'est encore la guerre. Je demande de rengager.

— La guerre, Monsieur l'abbé ? Pensez-vous donc qu'on ne la fasse plus que pour vous ? Et puis, allez au... diable, si c'est votre plaisir.

L'évêque, qui parle si brusquement à ce prêtre, est Mgr Levezou de Vezins, un vieux comte autrefois marié, dont les enfants vivent encore et dont l'aîné de ceux-ci, jeune capitaine de l'armée française, est désigné pour accompagner au Mexique l'expédition conduite par Bazaine.

On part. On est déjà arrivé. Le feu commence à Puebla.

Autour des murs de la ville, où la mitraille fait fureur, un aumônier militaire semble se promener, tant il met de plaisir ou d'insouciance à ce jeu d'obus tonnant et éclatant autour de lui. Ses yeux cherchent quiconque est blessé et l'appelle. Mais il semble suivre avec une attention plus vive l'opération d'un jeune capitaine d'artillerie dont les pièces font des prodiges, contre la ville ennemie. Téméraire, trop téméraire, cet officier trouve enfin ce qu'il cherchait et tombe. L'abbé accourt.

— Capitaine, vous êtes blessé ?

Un large éclat d'obus lui vient d'ouvrir la cuisse droite et s'est logé dans la béante plaie.

— Ce n'est rien, aumônier ! Dites donc à cet artilleur de me passer ses tenailles.

Et, sous les yeux de ce prêtre qui pleure, ce jeune homme impassible arrache de ses propres mains et de ces grossières tenailles l'éclat d'obus qui bouchait sa blessure. Le sang coule. Le capitaine s'évanouit. Le prêtre l'emporte sur ses épaules à l'ambulance, l'y soigne, l'y guérit presque. Et pendant que le convalescent sommeille, le surveillant écrit ce billet à celui qui était en même temps l'évêque de ce bon prêtre et le père de ce vaillant capitaine :

« Monseigneur,

« M. le comte Levezou de Vezins, votre noble fils, en dentelant à coups de canon les murs de Puebla, vient de broder à Votre Grandeur le plus magnifique rochet qu'Elle pourra porter. Veuillez dire à Madame la comtesse que je ramènerai en France, au prix de tous les sacrifices, un époux et un fils si digne de vivre que Dieu ne saurait le faire mourir. »

Celui qui signa ce billet de son nom était ce même abbé que son évêque ne voulut pas laisser partir, risquant d'enlever à la fois à la France un aumônier si courageux et à son fils un ami si fidèle.

L'abbé Lanusse avait bien gagné là ses lettres de créance. Mais ce n'était que la première étape de sa longue odyssée.

. . . .

Du sang, du sang, il n'y a que du sang dans la vie de ce prêtre voué pourtant par son pur sacerdoce à ces chemins sans tache qu'a chantés David, et où il n'y a de place que pour les pieds blancs des enfants et la jonchée des roses : *Beati immaculati in viá !* Mais, pour l'abbé Lanusse, qu'est-ce que le sang qu'il n'a pas fait couler et qu'en bon Samaritain il court épancher, au contraire.

Vite, que les dernières victimes du Mexique tombent là-bas héroïquement, et qu'héroïquement aussi cet autre capitaine, dont on saura bientôt le nom, se fasse emporter tout le ventre par une affreuse blessure que, — sans que le jeune Galliffet y prenne garde, — l'abbé Lanusse saura soigner lui-même, en appliquant sur les chairs, que la péritonite menace, des compresses de neige prise aux sommets ardus du Popocatépelt...

Passons vite sur un autre champ de bataille,

autrement dramatique, où la fumée des canons, plus épaisse, a caché le plus qu'elle a pu les actes héroïques de ce prêtre, qui ne se bat pas, mais que la balle ennemie peut tuer.

Nous voici à Sedan, sur le plateau d'Illy. Margueritte, blessé à mort, ce matin, a été remis aussitôt par les mains de Lanusse à l'ambulance la plus proche. La charge de Galliffet dure encore. Et, dans ce pli de terrain où la fumée dispersée un instant nous permet de plonger du regard, voici, aux pieds d'un cuirassier abattu, un prêtre à genoux qui couvre de son corps le corps saignant de ce soldat. La blessure n'est pourtant pas mortelle. Elle se guérira, dit l'abbé, quand un obus tombe tout à coup à dix pas, dont un éclat emporte la croix d'honneur de l'aumônier et dont un autre fait un horrible trou dans la cuirasse du soldat.

— Vous êtes encore atteint, mon fils!

— Je vais mourir!... Aumônier, tenez, là-dedans, dans ma poche, mes papiers! Retirez-les, de grâce, et allez dire à ma famille...

Lanusse, au signe du cuirassier expirant, a le courage de plonger sa main grande dans le trou béant que la blessure vient de faire. Sous la cuirasse ouverte, il cherche les papiers, les trouve et retire, avec cette main pantelante qui aurait fait horreur à un boucher, deux photographies. C'est la mère et la femme du malheureux qui meurt, en les recommandant au prêtre.

— Dormez, mon fils ! Elles sauront que votre dernière pensée fut pour Dieu et pour elles.

. . . .

Et puis, quoi encore, dans ces horribles scènes de 1870 où, de l'une, on passe à l'autre, et où c'est toujours le triste Lanusse qui sert d'assistant malheureux, et qui n'a pas le bonheur de servir à son tour de plus heureuse victime.

Le soir tombe. Les drapeaux blancs de la trêve flottent à toutes les hauteurs fumantes de Sedan. Tout le monde, — sauf Wimpffen, — s'est rendu, et l'on va s'en aller en Allemagne.

Sur la route où, pour aller emprunter des milliers de francs qui serviront aux pauvres prisonniers, Lanusse s'est mis en retard pour partir, lui aussi, prisonnier, il rencontre deux officiers :

— Eh bien !... leur dit-il en lisant sur leurs habits déchirés le chiffre de leur régiment, eh bien !... le 47e ?

— Perdu !...

— Vous souriez, messieurs ?

— Non, nous ne savons pas où est passé le régiment. Mais nous avons le drapeau.

Et, triomphants, ils montrent à l'abbé ce qui

était encore pour ces soldats vaincus tout le régiment et toute la France : deux loques glorieuses du drapeau, du moins sauvé. Et qu'importait la vie du régiment, quand deux poitrines, lui appartenant et encore vivantes, pouvaient sentir battre sur elles une si précieuse et si inaliénable relique !

Et l'on partit pour l'Allemagne, prêtre et soldats, contents d'avoir fait jusqu'au bout leur devoir.

<hr>

C'est vingt ans après que je devais retrouver l'abbé Lanusse, dans un coin de Saint-Cyr dont il est l'aumônier adoré, et où il consacre le reste de ses jours dont n'a pas voulu la guerre, à raconter les fléaux qu'elle engendre et les prodiges qu'elle enfante aussi.

Parmi les trois cents manuscrits qu'a déjà composés ce vaillant prêtre sur nos récentes campagnes auxquelles il prit part, j'avais choisi, pour les publier, en violentant une modestie trop injuste, un épisode prodigieux de la guerre du Mexique que toute âme française a déjà lu, sous ce titre : *Les Héros de Camaron*. « Et qui sait, disais-je en terminant la préface, si ce livre, que j'ai l'honneur d'ajouter au trésor de l'histoire de

France, comme une de nos pages nationales les moins connues et les plus glorieuses, n'arrive pas aujourd'hui à son heure? De tout temps il fallut, il est vrai, aux nations fortes, de grands exemples de courage qui tinssent les esprits élevés à la hauteur de leurs résolutions.

» Il est pourtant des heures où le ciel de la patrie semble s'être obscurci, où des bruits d'armes s'entendent au lointain, où les mains se cherchent dans la nuit. C'est l'heure où les vieillards qui ont fait jusqu'au bout leur devoir, s'en vont, en souriant, comme les patriarches et laissent le sol de la patrie tout vide de leurs tombes ouvertes; l'heure de mélancolie suprême où, le soleil mourant aussi après complies dans les vitraux des cathédrales, l'Eglise mêle sa voix au deuil de la patrie et prie ces grands vieillards, qui partent, de rester encore cette nuit auprès d'elles, de leur conter encore une autre histoire où elles retrouveront la tradition glorieuse de leur passé et le gage triomphant d'un avenir digne d'elles. C'est la prière que j'aime à lire, dans le bréviaire de ce prêtre; c'est la supplication que je lui fais d'un cœur ému, au nom de cette école de Saint-Cyr qui l'a pris depuis vingt ans pour son aumônier et son modèle, au nom de tous les soldats de France qui liront dans l'œuvre de l'abbé Lanusse

6

l'exemple du patriotisme le plus éclairé et du dévouement le plus fidèle :

— *Mane nobiscum, Domine, quoniam advespe-
rascit !...* Seigneur ! il se fait tard. Restez encore
parmi nous. »

Dans la semaine où j'écrivais ces lignes, je lus,
par hasard, au *Gil Blas* ce portrait incomplet de
l'abbé Lanusse, auquel, dans le même journal, je
pris aussitôt la liberté d'ajouter quelques traits.

INSTANTANÉS. — L'ABBÉ LANUSSE

« L'aumônier de Saint-Cyr, depuis des années et
des années. Aussi troupier que prêtre. Pourrait
porter des chevrons sur sa soutane. Une bonne
figure ridée, bourgeonneuse, accueillante, de vieux
philosophe qui en a vu de toutes les couleurs.
Fait partie des accessoires du premier Bataillon
de France, comme le drapeau à la si fière devise et
les antiques obusiers de la batterie du polygone.
A la revue de Longchamps, marche à la tête des
compagnies, sans trop tirer la quille, le torse
droit, la poitrine couverte de décorations gagnées
de bataille en bataille. Légendaire dans l'armée.
Disait autrefois sa messe au Vieux-Bahut, avec
une petite pendule devant le tabernacle, et esca-
motait la moitié de l'office pour ne pas « carotter »
une minute de liberté aux permissionnaires. Fume

la pipe et sacre, à l'occasion, comme un brisquard des temps héroïques. Raconte plus volontiers ses souvenirs de Crimée, d'Italie et du Mexique, que ses impressions de séminariste. Enlumine les manuscrits avec le talent naïf de quelque moine du moyen âge. Débute aujourd'hui dans la littérature avec un superbe livre de guerre intitulé *Les Héros de Camaron*. Mériterait qu'on changeât enfin en rosette le vieux bout de ruban rouge qu'il arbore fièrement comme une cocarde, et qui ne date pas d'hier. »

(Le Diable Boiteux.)

Il est pavé des meilleures intentions, ton enfer, mon cher Diable ; mais les cailloux en sont quelquefois bien pointus.

N'as-tu pas craint de nous faire tomber tous, par exemple, sur celui que le si brave abbé Lanusse ne méritait pas de recevoir, l'autre jour, dans son jardin. Mais tant de fleurs aimables entouraient ce pavé que tu lui envoyais, qu'en le recevant en plein cœur, le bon aumônier de Saint-Cyr n'a fait qu'en rire et te remercier, non du pavé, mais de tes intentions. Et le tout eût passé comme lettre à la poste, — comme la lettre de remerciements que le bon vieillard aurait adressée aussitôt lui-même, si je ne m'étais chargé de te l'écrire, à toi qui as touché à mon idole et qui la fais fumer, sacrer, oh ! oh !...

. . . .

Lui, fumer ? Non, mon Diable ! ou, du moins, pas depuis 1870.

Tu ne me comprends pas ? Voilà ! c'est que l'abbé Lanusse ne fume qu'aux grandes occasions et qu'il lui faut, pour se suffire, des pipes un peu plus grosses que les nôtres. En réalité, ce fumeur monstrueux n'a fumé que trois fois dans sa vie : à Puebla, à Magenta et à Sedan.

Tu ne me comprends pas encore ? Mais tu sauras toute la vérité, quand je t'aurai appris que les superbes pipes de ce prêtre sont les canons, et qu'il ne fume que par ces bouches-là.

Que par ces bouches-là, vraiment ?

Tiens, mon beau Diable, ton indiscrétion est cause d'un secret que je vais te révéler. Tant pis, si l'aumônier se fâche d'une confidence si mal gardée ; je lui répondrai que ce fut par ta faute.

Eh ! oui, l'aumônier a fumé, deux fois entre autres, et dans deux circonstances mémorables.

A la première, on est à Mexico. Six malheureux « marsouins », qui viennent de trahir le drapeau dans la triste affaire du Fort-de-France, sont condamnés à mort par Bazaine et attendent leur exécution, dans une forteresse de la ville.

— Et moi, je dis que vous ne mourrez pas!
leur répète l'abbé, à chaque visite qu'il leur fait
tous les jours.

Les condamnés regardent le bon prêtre, ho-
chent la tête et le laissent parler.

— Quand je vous dis que vous ne mourrez pas!
Là !... Oseriez-vous parier quelque chose, contre
moi ?

— Oui, quoi ?...

— Cent pipes, pour chacun. Soit six cents que
vous me devrez en sortant de prison.

Chose jurée, chose tenue. Car l'abbé Lanusse,
qui alla implorer chaque jour auprès du maréchal
la grâce des coupables, qui se fit mettre chaque
jour à la porte de son puissant ami, à qui enfin
Bazaine défendit qu'il lui reparlât de ces traîtres,
l'abbé sut se taire et attendre. Et un jour que
Bazaine, étonné des visites quotidiennes et du
silence respectueux du prêtre, lui demandait brusquement:

— Et les condamnés, que disent-ils?

— Rien, Maréchal, répondit Lanusse. Mais
moi, je dis pour eux qu'ils ne mourront pas !

Bazaine alors de s'emporter contre cette religion qui couronne les victimes et absout les coupables, et contre ce ministre des miséricordes

divines qui ne comprend rien aux justices hu-
maines. Et puis, cette colère de tomber toute; et
Bazaine, vaincu par la charité de ce prêtre, de lui
dire enfin en lui serrant les mains :

— Tenez, l'abbé ! allez leur dire que vous avez
leur grâce.

L'heureux prêtre revint aux condamnés. Les
larmes parlèrent à sa place. Et quand il put dire
un mot :

— Et mes pipes ?... demanda-t-il.

Pensez ! il y en avait six cents de gagnées, et
avec du tabac des Antilles... Ces six cents pipes
si bien gagnées furent données, et ce fut le jour
que les grâciés allaient partir pour une prison
militaire où ils purgeraient leur peine commuée,
que l'abbé Lanusse, payant ces pipes de sa poche,
dit à ses hommes :

— Moi, je les ai gagnées ; mais vous les fumerez
pour moi. Tenez, encore ces quelques piastres et
ce fromage de cochon. Cela vous servira, pour la
route.

Et voilà comment, mon cher Diable Boiteux,
l'abbé Lanusse fuma six cents pipes pour la première fois, et pour un premier coup.

Je ne sais comment te conter la deuxième
affaire, tant de générosité et de délicatesse de-
vraient réserver encore ce secret aux anges de

Dieu ou à ceux de la Patrie qui sont les seuls à le connaître.

Ton indiscrétion seule est cause de la mienne. Mais je la conterai en peu de mots, comme il convient aux actions sublimes.

Nous sommes à Sedan, trahis, battus, vaincus, les uns morts, — ce sont les plus heureux, — les autres désarmés et prêts à gagner en prisonniers l'Allemagne. L'abbé Lanusse aussi, qui s'est fait prendre en plein coup de feu sur le champ de bataille, est compté dans le nombre des malheureux partants.

Mais, au moment du départ, plus d'abbé Lanusse!

Où est-il donc, ce prêtre, qui a fait son devoir jusqu'au feu et qui saura le faire encore jusqu'à la prison de l'exil ? Lui, qui n'a pas quitté ses hommes pendant l'action, les aurait-il abandonnés pendant la trêve ? On va partir pourtant. Déjà, sous l'œil des uhlans de Guillaume et des Aigles noires si satisfaites d'un tel butin, les prisonniers sont mis en rang de file. Les clairons sonnent. Lentement on s'ébranle. On s'en va vers le Rhin, loin de France. Pour voir encore la patrie, on retourne la tête ; et, là, à la place du dernier pli de sol qui fuit loin de ces yeux si tristes, que voient-ils ?... La soutane d'un prêtre, gon-

flante aux poches, lourde à porter, et l'abbé Lanusse qui reparaît enfin.

— Vous aussi, Aumônier, vous venez avec
nous ?

— Oui, mes enfants. Marchez ! Marchons !

Et plus on marche vers l'Allemagne aux neiges
meurtrières, plus la soutane large de l'abbé se
dégonfle ; et l'on n'est pas arrivé aux forteresses
d'Ulm et de Spandau, que toute la pauvre soutane
du bon prêtre tombe amaigrie sur ses flancs
épuisés : elle qui tout à l'heure s'était mise en
retard à Sedan pour y chercher des milliers et des
milliers de francs qui serviraient à regarnir les
tristes pipes des tristes prisonniers.

Mais celles-là encore, ce ne fut pas l'abbé qui
les fuma.

Demandez-le plutôt à tant de régiments qui
n'ont connu la main de l'aumônier Lanusse que
pleine d'un morceau de pain ou d'une floppée de
tabac, — puisque mon Diable Boîteux veut que
ce prêtre en achète, — toutes choses qu'on pouvait bien recevoir dans l'exil et d'une main qu'on
croyait riche.

La vérité est que cette main si généreuse était
très pauvre, et que tout l'argent que l'abbé Lanusse trouva pour nos soldats à Sedan, ce fut en
l'empruntant. Aujourd'hui, on peut d'ailleurs

parler de cette dette rendue jusqu'à son dernier
sou. Le brave prêtre aura mis vingt ans, à s'ac-
quitter. Toute sa solde de soldat y est passée. Le
produit des 5oo francs qui sont ses honoraires
d'auteur pour son beau livre des *Héros de Camaron* a complété le reliquat. L'abbé Lanusse ne
doit plus rien. C'est nous qui lui devons à présent son secret dont il était jaloux, et les bonnes
pipes qu'il nous aura bourrées si généreusement
et que tu ne lui reprocheras plus de fumer,
n'est-ce pas, mon cher Diable ?

Tu as bien dit aussi qu'il sacre.

Oui, cher Diable, et sais-tu quoi ?

Il sacre Dieu, qui peut produire au beau soleil
de sa création de si généreux caractères. Il sacre
la Patrie, à laquelle de tels caractères, dévoués
tous les jours de leur vie pure et jusqu'au dernier
de leur soupir qui sera encore une prière, ajou-
tent le prestige des petits qui composent souvent
la plus belle auréole des grands. Il sacre toute
âme bonne, que celle-ci rend meilleure par son
exemple de charité simple et constante, toi qui
l'as déjà célébrée, moi qui suis fier d'avoir l'honneur d'en parler après toi, quiconque enfin lira

le premier et peut-être le dernier livre que l'abbé Lanusse aura offert au public, comme une générosité d'un autre genre, comme une leçon d'héroïsme de nos Français d'hier que sauront retenir nos Français d'aujourd'hui.

Dites donc à Guillaume et à sa grosse armée de présenter un pareil aumônier, soit luthérien, soit catholique, avec soixante-treize ans de vie dévouée, quarante-trois de service actif, vingt-cinq croix bien gagnées, la quille encore sûre, et tout l'homme encore bon pour le service?

Ce n'est déjà pas si vilain.

FIN

TABLE DES MATIÈRES

ÉMILE COLIN — IMPRIMERIE DE LAGNY